U0114333

# 新世紀
# 商標法逐條釋義

羅承宗・徐芃　著

蘭臺出版社

# 自序

　　誠如學者指出，商標法性質上屬於實用性的商業法律範疇，相較於智慧財產權法領域時有跨科技的學習難處，商標法堪稱是相對容易入門的學科。學習者一般而言只要大抵熟悉商標法法條規範內涵，進而掌握相關實務見解變遷，應即能充分瞭解吸收。

　　邁入21世紀後，自2002年5月至2010年9月的短短8年間，本法雖已先後歷經4次大小修正，政府或許鑑於修法成果仍多所闕漏之處，是以旋又於2011年5、6月間再度進行重大修正。應予注意的是，本次修正幅度之大，堪稱新世紀商標法一次地殼變動式的修法舉措。由於其中幾乎涉及所有條號更動，對學習者而言勢造成難與既有商標法教科書、期刊論著乃至於相關實務判決、函釋接軌的窘境。有鑑於此，筆者嘗試以新法規定為框架，將立法說明、舊法條號對照、既有實務見解素材乃至於相關本土新聞事件等內容融入其中。由於新法施行日期為2012年7月1日，本書問世時點恐有倉促之感，惟因應教學所需，若繼續沿用即將失效的舊法框架進行教學亦有所不妥，是以發行本書或有棉薄之價值。

羅承宗・徐芃
2012年12月

# 新世紀商標法逐條釋義　　目　次

# 第 2 章　　商標

## 第1節　申請註冊

## 第2節　審查及核准

商標法逐條釋義

## 第3節　商標權

## 第4節　異議

## 第5節　評定

## 第6節　廢止

## 第7節　權利侵害之救濟

## 第 3 章　　證明標章、團體標章及團體商標

# 第 1 章　總則

## 第 1 條 （立法目的）

　　為保障商標權、證明標章權、團體標章權、團體商標權及消費者利益，維護市場公平競爭，促進工商企業正常發展，特制定本法。

### ※ 說明

　　一、本條首在揭示商標法（以下簡稱本法），係為保障商標權（rights of trademark）、證明標章權（certification mark）、團體標章權（collective membership mark）、團體商標權（collective trademark）及消費者利益，維護市場公平競爭，促進工商企業正常發展之目的，而特予制定。商標具有表彰商品來源、保證商品品質及作為商品廣告功能，為營業信譽的標誌，係權利人努力經營的所得，基於憲法財產權保護意旨，自不容許他人恣意攀附竊取不正利益。又商標為表彰產製者、揀選者或提供服務者之信譽標誌，透過商標使消費者得以辨識進行重複選購，為求維護商業信用確保交易秩序安全等公益考量，商標必需以法律加以保護。商標法之目的，亦即藉由法律合理保護商標權人及其商譽，維護產業間之公平競爭，使商業活動秩序井然，避免消費者因商品服務來源混淆、誤認導致權益受損，並促進工商企業之正常發展。是以商標制度兼具有保障公益及私益之目的。

二、依本法申請註冊並受保護之客體，除商標權外，尚包括本法第80條、第85條及第88條規定之證明標章權、團體標章權及團體商標權。原條文對商標權係採廣義之解釋，然無法涵蓋各項權利之實質內涵，因此明列依本法註冊保障之各項權利，以資明確。

## 第 2 條 （商標權之註冊）

欲取得商標權、證明標章權、團體標章權或團體商標權者，應依本法申請註冊。

### ※ 說明

一、本條揭示本法採註冊保護原則，並配合本法第1條規定，列舉保護之權利客體為商標權、證明標章權、團體標章權及團體商標權。

二、所謂註冊原則，係指將欲專用之商標向主管機關申請註冊，於獲准註冊後即取得獨佔排他之權利，並受法律保護之謂。此為大多數國家所採行之制度，然儘管註冊原則在商標提出申請註冊時，不以使用為必備條件，惟註冊後，仍有使用商標之義務，否則將會構成商標權被廢止之事由。又商標申請註冊之目的係為了能獲得專用排他權，是若不欲專用，只要在無侵害已註冊商標權之前提下，任何人均可自由使用商標。而申請註冊係出自個人自由意志或依法律強制規定，尚可分為任意註冊原則與強制註冊原則。商標法係採行任意註冊原則，商標在未經核准註冊前任何人均可使用，但一經核准註冊後，即產生獨佔排他之權利。因此，採註冊原則者，

極可能造成後申請註冊商標與先使用商標間之衝突，所以，在採行註冊原則之國家，在其商標法中多有例外保護先使用商標之條款，或明定善意先使用商標不受商標權拘束之類似規定，實已融合兼採先使用原則色彩，調和制度之缺失。本法係採行任意註冊原則，任何人欲使用商標權、證明標章權、團體標章權及團體商標權，並受本法之保護者，應依本法規定申請註冊，始能創設。蓋商標在未經核准註冊前任何人均得使用，但一經選擇特定之標誌於核准註冊後，即創設獨佔排他之權利。

　　二、以我國商標法之立法精神來看，原則上雖允許相同之商標申請註冊於不相同、不類似之商品，例如「大同」家電與「大同」磁器，「太子」汽車與「太子」建設、「鱷魚」蚊香與「鱷魚」服飾等並存註冊之案例。惟例外者，如未經權利人同意，以已著名之商標申請註冊時，得否並存申請註冊之考量原則，已非單純商品之類似關聯性所引發之混淆誤認為限，以目前國際間擴大保護著名商標之趨勢，尚包括著名商標的淡化、稀釋，及企業間聯想、贊助或關聯所產生之聯想混淆，均得作為排除他人搶註之考量因素。

　　三、原條文有關「表彰自己之商品或服務」之文字，僅能說明商標與團體商標之功能，無法涵蓋前述4種依本法申請註冊之客體，因此予刪除。

## ※司法暨行政實務見解

### 最高行政法院73年度判字第794號判例

　　特定商品之服務與該商品相同或類似者，應認屬同一或同類服務標章所表彰之營業，如為供應特定商品之服務，而該商品與他人

商標指定使用之商品相同或類似者，即應認屬同一或同類，而有商標法第37條第1項第7款之適用。不能以其一為表彰服務之營業，一為表彰商品，而謂兩者不生同一或同類問題。

### (98)智商0390字第09780034870號函

按商標法第2條規定，凡因表彰自己之商品或服務，欲取得商標權者，應依本法申請註冊。從其文義可知商標法並無明文禁止多數人共有商標之限制規定，惟為保障消費者利益，避免其對使用相同或近似商標之商品或服務來源產生混淆誤認之虞，商標法原則上並不允許不同人以相同或近似之商標圖樣指定使用於同一或類似之商品或服務…，因此本局在95年7月13日公告「商標共有申請須知」以前，審查實務上固接受合夥人(或併列具公同關係之共有人)方式為申請註冊人或受讓商標專用權，若非合夥；非公同共有人者，實務上尚不受理申請登記為共有。

### （95）智商0350字第09500039770號函

二、修正前商標法第2條曾規定：申請商標註冊之人「應檢附已登記之營業範圍證明」，上開規定於82年12月22日修正時，基於各國營業登記法制不同，執行上頻生爭議，乃參酌使用主義精神，刪除「應檢附已登記之營業範圍證明」之文字，改以「確具使用意思」代之。過去商標審查實務上，對於國人申請金融、醫療、超市、百貨公司、補習班、旅行業及其他應經相關主管機關許可之服務項目，均要求申請人檢送具體營業證明文件，作為認定「確具使用意思」之依據。

三、商標法92年5月28日修正時，基於法規鬆綁之立法目的，

並參照國際慣例與1994年10月27日各國於瑞士日內瓦簽訂之商標法條約第3條第7款：各國受理商標申請註冊，不得要求檢附任何營業證明文件或營業相關記載之規定，以及申請註冊後如未使用商標，得依商標法第57條第1項第2款規定廢止其註冊之機制等理由，刪除申請商標註冊者其商標必須表彰自己營業及必須確具有使用意思之規定。因此，目前商標法中並無要求申請人檢附指定使用商品或服務營業執照之法律上依據。

### (94)智商0350字第09480355490號函

一、商標法第2條規定，凡因表彰自己之商品或服務，欲取得商標權者，應依本法申請註冊。同法第29條規定，商標權人於經註冊指定之商品或服務，取得商標權。其規範意旨，係明示我國商標權利之取得採註冊制度，亦即任何人想要在我國取得商標權，應依法向商標專責機關申請註冊，經審查獲准註冊後，始取得獨占、排他之權利。而顧及採行註冊制度，亦有可能造成後申請註冊商標與先使用商標衝突之情況，因此，我國商標法於第23條第1項第12、14等條款規定，亦例外保護先使用商標及未註冊之著名商標，以排除他人搶先註冊。並於同法第30條第1項第3款明定善意先使用商標，不受他人商標權拘束之規定。又商標權係採屬地原則，所謂屬地原則係指在特定國所取得之權利，其保護僅侷限於該國之內，而不及於該國領域之外。

二、本件據來函所指在中國大陸獲准註冊之商標，其取得之商標權，依前項所述屬地原則，其獲得商標權保護之範圍，僅侷限於中國大陸。至於他人有以之作為商標圖樣，在我國申請獲准註冊，依前揭法條規定所揭示註冊制度及商標權屬地原則，該他人於經註

冊取得之商標權，享有獨占、排他之權利，並獲我國商標法之保護。又有關商標權之保護，商標法於第61、62條及第81至83條分別訂有民事及刑事救濟規定。商標權人於取得商標權後，得依該等條文規定，循民、刑事途徑主張維護其商標權。 貴公司如未經商標權人同意或授權，使用與其相同或近似之商標，有可能因此涉及民事或刑事侵權問題。

### 經濟部（82）台商942字第202452號函

按商標符合商標法所規定之註冊要件而獲准註冊者，係取得商標權，至於所謂代 理授權，現行商標法並無此一規定。商標法所稱之商標授權使用，係指在我國註冊之商標，由商標權人，依商標法規定，申請授權他人使用其商標而言，與所謂代理商品進口之授權意義有別。依商標法第2條規定，商標權人使用商標之商品並不以自行生產、製造者為限，故進口商於進口商品上使用自己之商標，尚不違反商標法規定，亦與商標授權無涉。

### 經濟部（84）台商942字第22314號函

商標係指表彰自己商品與他人商品相區別之標識，與專利係指某種發明、新型或新式樣等概念截然有別，而與植物新品種之命名亦復不同，兩者尚難歸併合一。

### ※ 延伸閱讀

孫曉青，商標註冊國際化發展之研究－以馬德里國際註冊商標及歐洲共同體商標為研究核心，國立交通大學管理

學院在職專班科技法律組碩士論文，2007年。

## 第 3 條 （主管機關）【原第7條修正】

本法之主管機關為經濟部。
商標業務，由經濟部指定專責機關辦理。

### ※ 說明

一、經濟部主管農林、工業、商業、礦業、水利等事務，民國82年修正前商標法第7條原規定為「本法所稱商標主管機關，為經濟部指定辦理商標註冊事務之機關。」民國82年修正後始修正為「本法所稱商標主管機關，為經濟部。前項業務由經濟部專責機關辦理。」故商標業務係由商標專責機關（原經濟部中央標準局）辦理。民國85年10月為落實智慧財產權保護政策，依經濟部組織法第8條規定，設置專責機關智慧財產局，辦理專利、商標、著作權及其他智慧財產權等業務。經濟部智慧財產局組織條例於民國87年10月15日經立法院三讀通過，並於同年11月4日經總統令公布。經濟部中央標準局於民國88年1月26日正式改制為經濟部智慧財產局。智慧財產局的成立，使我國智慧財產權運作機制進入一個嶄新的階段，於智慧財產權之行政、管理及保護上，發揮了統合專利權、商標權、著作權、積體電路電路布局、營業秘密及其他智慧財產權等業務的力量。是以，商標業務主管機關為經濟部，辦理商標業務之專責機關為經濟部智慧財產局。

二、為符合智慧財產權法規之一致性，因此參考專利法及著作

權法立法體例及用語，將原條文第7條移列本條規定，第1項並酌作文字修正。

## 第 4 條 （互惠原則）【原第3條修正】

外國人所屬之國家，與中華民國如未共同參加保護商標之國際條約或無互相保護商標之條約、協定，或對中華民國國民申請商標註冊不予受理者，其商標註冊之申請，得不予受理。

### ※ 說明

一、國際間在智慧財產權之保護，對於是否受理申請與得否主張權利保護等方面，向來採取平等互惠原則（Principle of reciprocity）。我國對外國人之商標申請案，原則上予以受理，本條規定對外國人之商標申請案，得不予受理之情形。依TRIPS第3條有關國民待遇之規定，凡WTO會員對其他會員之國民於該國申請商標，應與其國民申請商標相同之待遇。我國於民國91年1月1日成為WTO會員後，更應遵守國民待遇原則。

二、我國與外國相互保護商標之方式，非僅限於雙方簽訂條約或協定，因此參照專利法第4條規定，增訂不受理商標註冊申請之情形，尚包括外國與我國未共同參加保護商標之國際條約者。

新 世紀 商標法逐條釋義

## ※ 司法暨行政實務見解

### 經濟部（72）台商玖字第204608號函

本局對於貴國（菲律賓）人民所提出之商標註冊申請案，按例均予受理，例如審定第211749號「WORLD BALANCE & LOGO W&B」商標，即係貴國廠商‧伊達翰鞋靴公司請准審定使用於商標法施行細則第27條第48類「各種靴鞋及應屬本類之一切商品」之商標。基於「互惠原則」，貴國對我國民之商標申請，如不予受理，本局亦將不接受貴國人民之申請，並考慮撤銷核准貴國人民之商標案件。

---

### 第 5 條 （商標之使用範圍）【原第6條修正】

商標之使用，指為行銷之目的，而有下列情形之一，並足以使相關消費者認識其為商標：

一、將商標用於商品或其包裝容器。

二、持有、陳列、販賣、輸出或輸入前款之商品。

三、將商標用於與提供服務有關之物品。

四、將商標用於與商品或服務有關之商業文書或廣告。

前項各款情形，以數位影音、電子媒體、網路或其他媒介物方式為之者，亦同。

## ※ 說明

一、商標之使用，可區分為商標權人為維持其權利所為之使用及他人侵害商標權之使用兩種樣態，二者之規範目的雖有不同，惟實質內涵皆應就交易過程中，其使用是否足以使消費者認識該商標加以判斷，因此明定於總則，以資適用。

二、本條之目的在於規範具有商業性質之使用商標行為。所謂「行銷之目的」，與與貿易有關之智慧財產權協定( Agreement on Trade-Related Aspects of Intellectual Property Rights, TRIPS Agreement)第16條第1項所稱交易過程(in the course of trade)之概念類似。原條文僅以概括條文方式定義商標之使用，其內涵未臻清楚，因此參考日本商標法第2條之立法形式，酌作修正，列為第1項，並分款明定商標使用之情形：

（一）第1款係指將商標用於商品或其包裝容器上。所謂將商標用於商品，例如將附有商標之領標、吊牌等，縫製、吊掛或黏貼於商品上之行為；而所謂將商標用於包裝容器，則係因商業習慣上亦有將商標直接貼附於商品之包裝容器者，或因商品之性質，商標無法直接標示或附著在商品上（例如液態或氣體商品），而將商標用於已經盛裝該等商品之包裝容器。該等已與商品結合之包裝容器，能立即滿足消費者之需求，並足以使消費者認識該商標之商品，亦為商標使用態樣之一，此與本法第70條第3款所定之「物品」有所不同，其不同處在於後者尚未與商品相結合，併予說明。

（二）為行銷之目的，除將商標直接用於商品、包裝容器外，亦包括在交易過程中，持有、陳列、販賣、輸出或輸入已標示該商標商品之商業行為，因此於第2款明定。

（三）服務為提供無形之勞務，與商品或其包裝容器之具體實

物有別，於服務上之使用，多將商標標示於提供服務有關之物品，例如提供餐飲、旅宿服務之業者將商標製作招牌懸掛於營業場所或印製於員工制服、名牌、菜單或餐具提供服務；提供購物服務之百貨公司業者將商標印製於購物袋提供服務等，因此於第3款明定。又本款規定係指商標已與服務之提供相結合之情形，例如餐廳業者已將標示有其商標之餐盤、餐巾擺設於餐桌上，以表彰其所提供之餐飲服務，此與本法第70條第3款所定之「物品」有所不同，其不同處在於後者尚未與服務相結合，併予說明。

（四）將商標用於訂購單、產品型錄、價目表、發票、產品說明書等商業文書，或報紙、雜誌、宣傳單、海報等廣告行為，為業者在交易過程常有促銷商品之商業行為，應為商標使用之具體態樣之一，因此於第4款明定。

三、增訂第2項，理由如下：

（一）透過數位影音、電子媒體、網路或其他媒介物方式提供商品或服務以吸引消費者，已逐漸成為新興之交易型態，為因應此等交易型態，因此明定前項各款情形，若性質上得以數位影音、電子媒體、網路或其他媒介物方式為之者，亦屬商標使用之行為。

（二）所稱數位影音，係指以數位訊號存錄之影像及聲音，例如存錄於光碟中之影音資料，而可透過電腦設備，利用影像或聲音編輯軟體編輯處理者而言；所稱電子媒體，係指電視、廣播等透過電子傳輸訊息之中介體；所稱網路，係指利用電纜線或現成之電信通訊線路，配合網路卡或數據機，將伺服器與各單獨電腦連接起來，在軟體運作下，達成資訊傳輸、資料共享等功能之系統，如電子網路或網際網路等；所稱其他媒介物，泛指前述方式以外，具有傳遞資訊、顯示影像等功能之各式媒介物。

## ※ 司法暨行政實務見解

### 75年9月行政法院聯席會

按商標法第6條第1項規定，本法所稱商標之使用，係指將商標於商品或其包裝或容器之上，行銷國內市場或外銷者言。本件系爭註冊商標，係指定使用於包裝容器商品，而該公司係將之使用於味精商品之包裝袋上，用以表彰其味精商品，應認為係在行銷其味精商品而非行銷該包裝袋，僅能使一般消費者認識係表彰其味精產品，而非表彰該包裝袋為其生產、製造、加工、揀選、批售或經營，自屬商標註冊後，無正常事由迄未使用或繼續停止使用已滿2年，商標主管機關應據以撤銷該指定使用於包裝容器之商標。

### (98)智商0390字第09780034870號函

…所詢註冊商標指定使用於第35類之「廣告企劃及設計、廣告宣傳及宣傳品遞送、企業管理顧問及行銷研究諮詢顧問」服務，係指為他人提供廣告企劃及設計、廣告宣傳等業務，其所表彰者為類似廣告商；廣告設計公司所提供之服務，自與提供「補習班」之業務不同。故他人將相同之「商標圖樣」使用於「補習班」之「廣告」，若依客觀事實觀察，該廣告係用以宣傳補習班業務之服務，則其使用自非該註冊於「廣告企劃及設計、廣告宣傳及宣傳品遞送、企業管理顧問及行銷研究諮詢顧問服務」商標之使用。惟若提供該補習班「廣告」本身之企劃或設計者，即為該註冊商標權人本身或其被授權人者，則在認定該註冊商標有無使用在所註冊之相關服務時，會予以認定為商標權人之使用。至於他人所為之廣告若非用以表彰提供廣告企劃及設計…等服務者，自非屬使用於類似之服

務。例如A將甲商標註冊於廣告企劃及設計等服務上，其為B（即補習班業者）之補習班業務設計廣告並因而收受報酬，則A為B所提供之廣告設計服務自屬甲商標之使用。惟若甲商標係註冊在廣告企劃及設計等服務上，而A將該商標使用於補習班之廣告上，用以宣傳補習班之業務，則該使用自非屬甲商標註冊於廣告企劃及設計等服務上之使用。

### （97）智商字第09715000280號函

二、商標法第6條規定，所謂商標之使用，指為行銷之目的，將商標用於商品、服務或其有關之物件，或利用平面圖像、數位影音、電子媒體或其他媒介物足以使相關消費者認識其為商標之情形而言。因此，只要足以使消費者了解那是一個代表特定廠商商品或服務來源的識別標誌，不論是將商標用在商品上或其他如廣告單、價目表等有關物件，或利用報章雜誌、電子媒體廣告，或於網頁顯示，若屬商標權人基於行銷的目的所為，依照前開商標法第6條之規定都算是商標使用行為。

三、在商品上標示商標，並在商標旁標示R之標記，在採取註冊標記制度之國家（如美國、中國大陸等）是表示該商標業經註冊（R為外文Register縮寫）之意。我國雖非採取註冊標記制度之國家，商標法亦未強制規定商標權人實際使用商標時應該標示該R之標記，然而基於國際間商業交易頻繁與商品廣泛流通之事實，國內相關事業或消費者在市場上應已熟悉並了解該標記所代表之意義，故業者常附隨於其商標旁作相同之標示，以表示該商標業經註冊。惟是否屬商標使用，仍宜斟酌商業交易習慣及一般社會通念認定之。

### （86）台商第220276號函

按商標之標示，應足使一般商品購買人認識其為表彰商品之標識，並得藉以與他人之商品相區別者而言。而一般裝飾性著作圖案之標示，若僅係商品外觀之裝飾美化，並無有致消費者對其商品來源產生混同誤認之虞者，尚與商標使用型態有別。惟商標圖樣包括文字、圖形、記號等標識，圖樣本身亦可能為一著作圖案；其使用在商品或其包裝、容器上，是否構成商標使用，應就市場實際交易情形等具體客觀事實，視其是否足資消費者藉以區別所表彰之商品來源以為斷。

### （73）台商玖－貳字211732號函

商標之使用乃因表彰自己所生產、製造、加工、揀選、批售或經紀之商品，為商標法第2條所明定。是商標之使用，無非在表彰自己之商品並讓消費者以標誌區別商品來源、品質與信譽，故基於表彰商品之目的將商標用於商品或其包裝或容器之上，始為商標法所謂之商標使用。若非因表彰自己所生產、製造、加工、揀選、批售或經紀之商品，形成上縱有將商標用於商品或包裝容器上之事實，考其目的與方法，僅係用以表示商品有關之說明著者，乃「非商標使用」或稱為「普通使用」

### （73）台商玖－貳字第214452號函

按「商標」係表彰自己之商品，為一具有特別顯著性足供消費者辨識商品來源、品質與信譽之標誌，故「商標」之使用係為能讓購買者辨識商品之來源、品質與信譽。貴公司太陽眼鏡上使用之圖案如係以美化、裝飾太陽眼鏡為目的，因產品及消費者偏好的不同

與流行而相對使用之圖案亦層出不窮，則此等圖案不能讓購買者藉以辨識商品之來源、品質與信譽，自不具特別顯著之特性，非屬商標之使用，惟是否商標之使用應取決於消費大眾於購買時，是否會誤為商標而認購

### （73）台商玖－貳字第214679號函

所稱「使用」一詞，依商標法第6條規定，係指將「商標」用於商品或其包裝容器之上，行銷國內市場或外銷者而言，是用於商品上之圖樣若非商標圖樣自非屬商標之使用。應不受他人商標權所拘束。而商標需具特別顯者性，即使用於商品或其包裝容器之上，能引起一般購買之注意並得藉與他人商品加以辨別而言

### （82）台商942字第222838號函

於我國取得商標權之外國商，委由我國廠商製造標示有該商標之商品並運交於其本人者，若其目的在行銷市場，則應屬商標權人之使用商標

### （86）台商980字第219318號函

按商標法第6條規定，商標之使用，係指為行銷之目的，將商標用於商品或其包裝、容器、標帖、說明書、價目表或其他類似物件上，而持有、陳列或散布者而言。至於商品是否為本身自行產製則無限制。因此本國廠商向國外廠商進口建材，在其包裝上加貼自己之商標，若具有表彰自己營業商品之意思，並符合前揭法條所稱商標使用之要件，應合乎表彰自己所揀選商品之商標使用方法。

## ※ 延伸閱讀

蘇文萱，圖文表示要件於新型態商標下之探討，成大法學第20期，2010年12月，第31-73頁

曾勝珍、許淑閔，一門學問-論動態商標，全國律師第14卷第9期，2010年9月，第100-116頁

曾勝珍、許淑閔，掌握智慧的光芒-動態商標之研析，法令月刊第61卷第3期， 2010年3月，第75-89頁

## 第 6 條 （商標代理人之委任）【原第8條修正】

申請商標註冊及其相關事務，得委任商標代理人辦理之。但在中華民國境內無住所或營業所者，應委任商標代理人辦理之。

商標代理人應在國內有住所。

## ※ 說明

一、本條係規定商標事務原則上採行任意代理制度，例外採強制代理制度。按法律上代理制度之建置目的，除為了解決當事人無行為能力之法定代理制度外，另有為了無暇自為各種法律程序行為之當事人，而任由個人依己意委任具各種事項之專業知識者代替當事人為法律行為之意定代理制度，而代理之法律效果，仍歸屬委任代理之當事人。所謂「商標代理人」（trademark agent），係指在國內有住所之自然人，為當事人之利益，基於法規規定，代理當事

人向商標專責機關請求為許可、認可或其他授益行為之公法上意思
表示者之謂,換言之,即指代理申請人向主管機關申請商標註冊及
其相關事務者而言。商標代理人於代理權限內,以本人名義所為的
意思表示或所受的意思表示,並直接對本人發生效力者。所謂「相
關事務」,係指除申請商標註冊外,舉凡提出異議、申請評定或廢
止、收受文件或提出答辯、減縮商品或拋棄商標權、申請移轉登記
或授權登記或質權登記等相關商標事務者而言。

　　二、有關原條文商標師之規定,目前國內商標代理業務,多由
律師或具實務經驗之商標代理人辦理,運作上並無不妥,且國際
間亦無另行設置商標師制度之情形,因此刪除原條文第2項後段規
定。

### ※ 司法暨行政實務見解

#### (94) 智商0350字第09480534940號函

　　依商標法第8條第1項規定,申請商標註冊及其相關事務,得委
任商標代理人辦理之。所稱「商標代理人」,係指在國內有住所之
自然人,為當事人之利益,基於法規規定,代理當事人向商標專責
機關請求為許可、認可或其他授益行為之公法上意思表示者。換言
之,即指代理申請人向本局申請商標註冊及其相關事務者而言。又
所謂「相關事務」,係指除申請商標註冊外,舉凡提出異議、申請
評定或廢止、收受文件或提出答辯、減縮商品或拋棄商標權、申請
移轉登記或授權登記或質權登記等相關商標事務者而言。商標代理
人所為代理行為之效力,依民法第103條規定,其於代理權限內,

以本人名義所為意思表示或所受意思表示，直接對本人發生效力。是以，商標代理人於商標移轉業務中之具結書上之簽名、蓋章，如係於代理權限內，以本人名義所為意思表示，其意思表示直接對本人發生效力。

### （72）台商玖字第204339號函

按商標法第8條第1、及2項條文規定，商標代理人以自然人為限，法人不得為之。所詢「營業所之人」並不包括具有營業所之法人。又目前商標法對商標代理人之資格雖未設有若何限制。惟必需熟諳商標法令者，始合適擔任之

### （85）台商924字第220597號函

代理商標登記，以自然人為限，實務上國內律師代理商標事務，並不以設立公司或事務所為必要

---

## 第 7 條 （商標共有）【新增】

二人以上欲共有一商標，應由全體具名提出申請，並得選定其中一人為代表人，為全體共有人為各項申請程序及收受相關文件。

未為前項選定代表人者，商標專責機關應以申請書所載第一順序申請人為應受送達人，並應將送達事項通知其他共有商標之申請人。

---

## ※ 說明

一、目前實務上已接受商標共有（jointly owned trademark）註冊之申請，且已訂定商標共有申請須知進行規範，因商標申請屬人民權利義務之規範事項，宜於本法明定方為妥適。又行政程序法第27條及第28條雖有類似之選定或指定當事人規定，然因商標審查作業，與其規定未盡相符，因此於第一項明定有關商標共有申請暨選定共有代表人等相關規定。

二、為便利文件之送達，未選定代表人者，商標專責機關應以申請書所載第一順序申請人為應受送達人，並副知其他共有人送達事項，因此於第2項明定之。

---

### 第 8 條 （遲誤法定期間之限期補正）【原第9條修正】

商標之申請及其他程序，除本法另有規定外，遲誤法定期間、不合法定程式不能補正或不合法定程式經指定期間通知補正屆期未補正者，應不受理。但遲誤指定期間在處分前補正者，仍應受理之。

申請人因天災或不可歸責於己之事由，遲誤法定期間者，於其原因消滅後30日內，得以書面敘明理由，向商標專責機關申請回復原狀。但遲誤法定期間已逾1年者，不得申請回復原狀。

申請回復原狀，應同時補行期間內應為之行為。

前二項規定，於遲誤第32條第3項規定之期間者，不適

---

> 用之。

## ※ 說明

一、第1項修正如下：

（一）為統一本法用語，刪除「凡申請人為有關」等文字。

（二）商標申請程序遲誤法定期間，並非皆導致其申請案不受理之法律效果，例如依本法第20條及第21條規定，遲誤主張優先權或展覽會優先權之6個月期間，或提出優先權證明文件之3個月期間，僅生視為未主張優先權之效果，因此增訂「除本法另有規定外」之文字，以資明確。

（三）為統一用語，將不合法定程序之法律效果修正為「應不受理」。

（四）實務上對於雖遲誤指定期間，惟已於處分前補正者，均予以受理，因此增訂但書規定。

二、第2項文字修正。為明確遲誤法定期間已逾1年之法律效果，酌作修正。

三、增訂第4項。商標註冊申請人如非因故意遲誤者，依本法第32條第3項規定，得繳納一定費用，於一定期間內例外給予救濟之機會，此等期間之遲誤不宜再有回復原狀規定之適用，因此參照商標法新加坡條約（The Singapore Treaty on the Law of Trademarks, STLT）第14條規定，予以明定。

## ※ 案例事件

### 震災補救…日企申請專利 期限從寬

智財局表示，日本是目前外國來台申請專利第1名，每年申請量破萬件，考量日本災情嚴重及採取限電措施，可能將影響證明文件作業、傳輸及寄送到台灣等，該局決定比照美國911事件處理方式，即各項專利及商標申請案，只要簡單說明因日本地震緣故，延誤法定期間，原則將視同尚未逾期處理。【引自2011-03-16/經濟日報/A19版/稅務法務】

---

## 第 9 條 （各項期間之起算標準）【原第10條】

商標之申請及其他程序，應以書件或物件到達商標專責機關之日為準；如係郵寄者，以郵寄地郵戳所載日期為準。

郵戳所載日期不清晰者，除由當事人舉證外，以到達商標專責機關之日為準。

---

## ※ 說明

一、本條係申請人向商標專責機關遞送文件於何時發生送達效力之規定。

二、關於申請及其他程序，本法係採書件或物件到達商標專責機關之日發生送達之效力，若為郵寄者，則以郵寄地郵戳所載日期發生送達之效力。所謂申請，係指人民基於法規規定，為自己之利

益，請求行政機關為許可、認可或其他授益行為之公法上意思表示。依商標法施行細則第2條規定，依本法或本細則所為之各項申請，應使用商標專責機關規定之書表格式及份數，並由申請人簽名或蓋章；委任商標代理人者，得僅由代理人簽名或蓋章。因此，商標之申請及其他程序，應提出商標專責機關規定之已簽名或蓋章書表，並以書件或物件到達商標專責機關之日為申請日；如係郵寄者，則以郵寄地郵戳所載日期為準。書件或物件如係郵寄者，而郵寄地郵戳所載日期不清晰者，影響當事人權益甚鉅，爰再明定除當事人舉證而得確定其郵寄日期外，應以到達商標專責機關之日為準。本法施行以來，實務上，遇有郵寄地郵戳所載日期不清晰時，商標專責機關會主動向郵局查證郵寄日期。

---

## 第 10 條 （視為送達）【新增】

處分書或其他文件無從送達者，應於商標公報公告之，並於刊登公報後滿30日，視為已送達。

### ※ 說明

商標之申請常涉有非本國申請人因素，本法第6條第1項但書即規定，在中華民國境內無住所或營業所者，應委任商標代理人辦理商標相關事務，送達亦對其為之，並不存在行政程序法第78條第1項第3款得為公示送達情形；另為求智慧財產權法相關規定之一致性，因此參照專利法第18條規定，增訂公示送達規定。

## 第 11 條 （商標公報）【原第12條修正】

　　商標專責機關應刊行公報，登載註冊商標及其相關事項。

　　前項公報，得以電子方式為之；其實施日期，由商標專責機關定之。

### ※ 說明

　　一、本法係採先申請註冊原則，相同或近似之商標於同一或類似商品或服務上，由先申請註冊者取得商標權，商標註冊後並發生排他之效力，因此，註冊商標、指定之商品或服務、商標權人等內容及事項如何，關係著註冊人及公眾之權益，商標專責機關自應刊行公報，登載商標註冊及相關事項，以公告周知。依本法第33條規定，商標自註冊公告當日起，由權利人取得商標權，商標權期間為10年。為避免第三人以相同或近似之商標於同一或類似商品或服務重複申請註冊，而遭到駁回申請之情形，或因不知他人已註冊而有構成商標權侵害之虞，故本條明定應刊行公報（Trademark Gazette）登載註冊商標及其相關事項。所謂相關事項，係指商標註冊事項之變更登記、減縮登記、（再）授權設定或廢止（再）授權登記、質權設定或質權消滅登記、移轉登記、分割商標權、延展專用期間及撤銷或廢止註冊等相關事項。

　　二、增訂第2項。為配合行政院推廣之政府資訊處理標準，及健全電子化政府環境，商標公報如得以電子方式為之，將更有效率，因此授權由商標專責機關另定實施日期。

## 第 12 條 （商標註冊簿之登載）【原第13條修正】

商標專責機關應備置商標註冊簿，登載商標註冊、商標權異動及法令所定之一切事項，並對外公開之。

前項商標註冊簿，得以電子方式為之。

### ※ 說明

本條係規定商標專責機關應備置商標註冊簿對外公開及商標註冊簿應登載之事項。商標專責機關備置商標註冊簿，登載商標註冊、商標權異動及法令所定之一切事項，以利商標之管理。

## 第 13 條 （以電子方式申請商標）【原第14條修正】

有關商標之申請及其他程序，得以電子方式為之；其實施辦法，由主管機關定之。

### ※ 說明

商標電子申請實施辦法業於民國97年5月9日發布施行，無再授權主管機關訂定實施日期之必要，因此予修正。

## 第 14 條 （指定審查人員審查）【原第15條】

商標專責機關對於商標註冊之申請、異議、評定及廢止案件之審查，應指定審查人員審查之。

前項審查人員之資格，以法律定之。

### ※ 說明

一、本條規定之意旨，係為提昇審查品質，維護申請人權益，期商標審查制度法制化，明定商標案件之審查，應指定審查人員審查之，審查人員之資格，應以法律定之。鑒於商標審查工作具有專業性、技術性與複雜性，為維護申請人權益，對專業之商標註冊申請、異議、評定及廢止案件之審理，自應以具有商標專業知識之審查人員，始可進行審理。至於商標註冊變更登記、移轉登記、授權登記、質權登記、延展專用期間及商標權分割等案件，性質係屬商標權管理事項，不以指定專業審查人員承審為必要。

二、審查人員之專業審查能力，攸關商標案件審查品質及公眾權益，本條第2項爰明定審查人員之資格，應以法律定之。此所稱審查人員之資格以法律定之，其所指之法律，係指「商標審查官資格條例」而言，該條例為提昇審查人員素質，奠定審查制度法制化，並將審查官分為商標高級審查官、商標審查官及商標助理審查官三類。另依「經濟部智慧財產局組織條例」第16條規定，聘用之專業審查人員亦得擔任商標審查工作。是所謂審查人員，涵括了「商標審查官資格條例」之商標高級審查官、商標審查官及商標助理審查官，及依「經濟部智慧財產局組織條例」規定得承審商標案件之聘用專業人員。

## 第 15 條 （書面處分）【原第16條】

商標專責機關對前條第一項案件之審查，應作成書面之處分，並記載理由送達申請人。

前項之處分，應由審查人員具名。

## ※ 說明

一、本條係商標專責機關完成審查為處分時，應作成之要式規定。依行政程序法第95條第1項規定，行政處分除法規另有要式之規定者外，得以書面、言詞或其他方式為之。故原則上行政機關所為之行政處分，不以作成書面為必要，即以言詞或其他方式為之，亦無不可。例外，若法規另有要式之規定者，行政機關即受限制，應作成書面之行政處分。

二、第1項明定商標專責機關完成商標註冊之申請、異議、評定及廢止案件之審查時，不論審理結果為實體上之申請核准或不准，或程序上之駁回或不予理，所為之處分均需作成書面，並附具理由送達申請人。

三、現代人多居住在公寓大廈，公司行號亦多設置於辦公大樓之內，行政機關寄送商標審定書、處分書或通知書時，多以雙掛號方式寄發，並由大廈管理員代收。依郵政機關送達訴訟文書實施辦法第8條規定：「機關、學校、工廠、商場、事務所、營業所或其他公司團體內之員工或居住人為應受送達人時，郵政機關送達人得將文書付與上列送達處所內接收郵件人員。前項規定之接收郵件人員，視為民事訴訟法第137條規定之同居人或受僱人。」該規定與行政訴訟法第72條第2項：「前條所定送達處所之接收郵件人員，

視為前項之同居人或受雇人。」之規定復相同。所以，行政機關之文書由大樓管理員代理住戶收取或簽收時，因大樓管理員等於大樓住戶之受催人，所以管理員代住戶收受各種文書，依上開規定，係屬合法送達。

四、商標審定書、異議審定書、評定書及廢止處分書所為之處分，為行政處分之一種，而審定書或處分書之製作，原本僅由局長署名，並未列入審查人員姓名，惟因商標審查具專業性，需由具有各種商標專門知識及經審查訓練之人審查，為示審查人員對審查工作之負責，並強化商標審查品質，爰參照日本商標案件經審查後，皆有其商標審查官具名之制度，及專利法第38條第3項之規定，明定商標審定書、異議審定書、評定書及廢止處分書所為之處分，應由審查人員具名。

---

## 第 16 條 （始日不計算原則）【新增】

有關期間之計算，除第33條第1項、第75條第4項及第103條規定外，其始日不計算在內。

---

### ※ 說明

有關期間之計算，查行政程序法第48條固訂有其始日不計算在內之規定，為求智慧財產權法相關規定之一致性，參考專利法第20條規定，因此新增期間計算之規定，除本法第33條第1項、第75條第4項及第103條另有規定外，期間之計算不包括始日。

## 第 17 條 （本章之準用）【新增】

　　本章關於商標之規定，於證明標章、團體標章、團體商標，準用之。

### ※ 說明

　　本章關於商標之規定，於證明標章、團體標章、團體商標亦準用，因此予增訂。

# 第 2 章　商標

## ※ 說明

現行本章主要係規範商標申請註冊相關事項，並不包括證明標章、團體標章及團體商標，為臻明確，因此將章名修正為「商標」，涵括申請註冊、審查及核准、商標權、異議、評定、廢止、權利侵害之救濟等節。

## 第1節　申請註冊

## ※ 說明

本節新增，其條文由現行第2章移列。

### 第 18 條　（商標之標識）【原第5條修正】

商標，指任何具有識別性之標識，得以文字、圖形、記號、顏色、立體形狀、動態、全像圖、聲音等，或其聯合式所組成。

前項所稱識別性，指足以使商品或服務之相關消費者認識為指示商品或服務來源，並得與他人之商品或服務相區別者。

## ※ 說明

一、第1項酌作修正。原條文係以列舉方式規定由文字、圖形、記號、顏色、聲音、立體形狀或其聯合式所組成之商標為註冊保護之範圍。至於各類列舉之商標內涵為：

（一）文字商標：係由人類可辨識之中文、外文、字母、姓名、商號或無意義的創用字等所組成之商標。

（二）圖形商標：係由人物、動物、植物、器物、自然景觀或幾何圖形等所組成之商標。圖形商標固可能施予一定的顏色或以立體的圖形作為商標的構成要素，但此圖形商標係指傳統的平面商標而言，與下述可涉三度空間的顏色商標或立體商標並不相同。

（三）記號商標：記號乃作為標記或象徵的符號，如十、一、×、÷或特殊符號等所組成之商標。

（四）顏色商標：係指由單一顏色或二種以上可區隔之顏色組合而成，使用於商品或其包裝、容器或服務外觀或其裝潢設計之全部或一部分之商標。顏色商標與施有顏色的圖形商標不同，圖形商標係藉由特定的圖形以凸顯其區別商品或服務來源的特性，而顏色商標係顏色本身即能區別商品或服務來源，而非藉由特定的平面圖樣以彰顯其商標的特質。

（五）聲音商標：係由聲音所組成的商標，聲音本屬聽覺的感知範疇，非視覺所得感知。惟為註冊保護並公告周知，該聲音應「以視覺可感知之圖樣表示」者為限，始為適格的保護標的。

（六）立體商標：係以具有長、寬、高三度空間之立體形狀所組成之商標。其可能的申請態樣包括商品本身或包裝容器之形狀或二者以外之立體形狀等。

（七）聯合式商標：係指文字或圖形或記號或顏色或聲音或立

體形狀之各種組合之商標。傳統的平面商標，如「文字」固可能與圖形或記號組合成聯合式商標，亦可能與顏色或聲音或立體形狀形成聯合式商標。

　　二、參酌商標法新加坡條約（STLT），國際間已開放各種非傳統商標得作為註冊保護之態樣，為順應國際潮流，並保障業者營業上之努力成果，因此開放任何足以識別商品或服務來源之標識，皆能成為本法保護之客體，並例示商標得由文字、圖形、記號、顏色、立體形狀、動態（motion marks）、全像圖（hologram marks）、聲音等之標識，或其聯合式標識所組成，即商標保護之客體不限於所例示之情形。

　　二、第2項酌作修正。原條文第19條規定有識別性之用語，然並未明確定義識別性之內涵，因此明定識別性之內容。

　　三、商標識別性之強弱，可區分為四類，亦即獨創性（Coined）商標、隨意性（Arbitrary）商標、暗示性（Suggestive）商標及描述性（Descriptive）商標。需說明者，商標有無識別性終需以相關消費者的認知為準，又基於商標之屬地性，所稱相關「消費者」應指我國之消費者而言，而能影響消費者認知之因素，首在商標之特別性及與商品之關係。例如簡單的一條線或一個圓圈，通常不能引起消費者之注意，商標較特別較能引起消費者注意，並認識其為商標；商標與商品的關係越遠，越不容易使消費者聯想為商品本身之說明或裝飾，即易予消費者認知其為區別商品或服務來源之標識。例如「蘋果」使用於果汁，予消費者認知應為果汁之名稱而非商標，若蘋果使用於衣服，因蘋果與衣服商品全然無關，消費者自易認知蘋果為表彰衣服之商標。另商標有無識性，亦與其使用方式息息相關，例如以一朵玫瑰指定使用於衣服商品，若將該朵玫

瑰標示於胸前口袋或後衣領之上，自易使消費者認識其為玫瑰商標，惟若將該玫瑰併列數十朵環繞於衣袖或裙邊，則易予消費者認知其為裝飾圖案而已，各該玫瑰均非商標。再者商標有無識別性並非一成不變，它會隨者時間增長或消逝，且有程度上的差異。原無識別性之標識可因嗣後使用之結果取得商標的特性，原有識別性之商標亦可能未為維護淪為商品或服務之通用標章，名稱或形狀。

## ※ 案例事件

### 商標申請 型式不設限

　　智財局召開商標法修正草案公聽會，智財局表示這次的重點，是再度修正商標法第5條，納入動態（Motion marks）、氣味（Scent marks）、全像圖（Hologrammarks，一種隨視覺角度不同而可變化圖像的平面標誌）等三種商標。不過，要申請這三種非傳統商標，必須要能夠透過文字、圖形或符號，用明確、客觀且容易理解的方式呈現註冊商標，符合「圖文表示性」。【引自2008-08-26/經濟日報/A13版/稅務法務】

## ※ 司法暨行政實務見解

### 最高行政法院74年度判347號判例

　　商標圖樣所使用之圖形，縱屬簡單，但因使用長久及商品廣泛行銷，已具有標誌性，能使一般購買者得籍以與他人商品辨別者，仍不失為具有特別顯著性，即應准其註冊。

### 最高行政法院73年度判461號判例

商標以圖樣為準，所用之文字、圖形、記號或其聯合式，應特別顯著，並應指定所施顏色，為商標法第4條第1項所明定。茲所謂「特別」係指商標本身具有與眾不同之特別性，能引起一般消費者之注意而言；所謂「顯著」，係指依一般生活經驗加以衡酌，其外觀、稱呼及觀念，與其指定使用商品間之關係，足以與他人商品相區別者而言。

### 最高行政法院66年度判714號判例

所謂特別顯著，係指將商標使用於其商品本身或其包裝容器之上時，能使一般購買者易於辨別而言。

### ※ 延伸閱讀

許淑閔，動態商標之研究，嶺東科技大學財經法律研究所碩士，2007年

## 第 19 條　（商標註冊之申請）【原第17條修正】

　　申請商標註冊，應備具申請書，載明申請人、商標圖樣及指定使用之商品或服務，向商標專責機關申請之。

　　申請商標註冊，以提出前項申請書之日為申請日。

　　商標圖樣應以清楚、明確、完整、客觀、持久及易於理解之方式呈現。

　　申請商標註冊，應以一申請案一商標之方式為之，並得指定使用於二個以上類別之商品或服務。

　　前項商品或服務之分類，於本法施行細則定之。

　　類似商品或服務之認定，不受前項商品或服務分類之限制。

### ※ 說明

　　一、第1項修正如下：

　　（一）明定申請商標註冊欲取得申請日，其申請書所應載明之事項。因類別之記載，並非取得申請日之必要記載事項，因此刪除「及其類別」等文字，並酌作文字修正。

　　（二）申請程序中，申請人於申請書中所貼附者為「商標圖樣」，為明確用語，因此予修正。

　　二、第2項由原條文第3項移列。鑑於取得申請日所應具備之要件，已於第一項明定，因此酌為文字修正。

　　三、第3項由原條文第2項移列。有關商標應以視覺可感知之圖樣表示之規定，其目的在於要求申請人應以清楚、明確、完整、客觀、持久及易於理解之方式呈現其所欲申請註冊之商標，俾便商標專責機關審查，並於註冊公告時，能使第三人清楚知悉註冊商標之

權利範圍。例如以相片紙製作圖樣，因為會隨時間經過褪色，故不符合持久之要件。又以聲音商標為例，因為五線譜或簡譜可以表達音符、休止符及其長度等音樂構成要素，相較於文字說明之表現方式，較清楚、明確、完整、客觀及易於理解，故音樂性質之聲音商標，其商標圖樣應以五線譜或簡譜為之，如以貝多芬「給愛麗絲」樂曲前九個音符部分申請註冊聲音商標，商標圖樣應為該部分樂曲之五線譜或簡譜，不得為「貝多芬『給愛麗絲』之前九個音符」之文字說明。至於以聲音、動態、全像圖等非傳統商標申請商標註冊之情形，宥於商標圖樣本身為平面條件之限制，僅以商標圖樣即無法清楚、完整表現商標，為明確註冊商標之權利範圍，必須輔以商標描述或客觀上足以使第三人易於理解且具有持久及再現可能性之樣本，以作為商標圖樣之補充，例如申請註冊動態商標，除以商標圖樣表示外，尚須提出商標描述及檢附存載該動態影像之光碟片。

　　四、第4項酌作修正。商標註冊申請係以一申請一商標之方式為之，惟可指定使用於一個類別或二個以上類別之商品或服務。故申請人有二或二以上商標欲申請註冊時，應分別申請。實務上，有申請人將實際交易使用或欲使用之二個商標以一件申請案提出申請之情形，即有違反一申請案一商標原則，且於註冊後，若分開成為二件商標使用，亦有未使用註冊商標而遭廢止商標權之虞。因此參照日本商標法第6條第1項規定明定之，並酌作文字修正。

## ※ 司法暨行政實務見解

### （72）台商字第206492號函

按現行商標法第35條規定「申請商標註冊，應指定使用商標之商品類別及商品名稱，以申請書向商標主管機關為之」第21條第2項條文規定：「商標權以請准註冊之圖樣及所指定之同一商品或同類商品為限」按一商品故可包含許多組（零）件，惟其零附件並不一定與該商品同屬一類，如汽車車體係車輛之必要組件與汽車同屬第90類，但汽車音響亦能單獨使用，卻非汽車之必要組件，自不與汽車同類，因此如何區分商品零組件之類別需視其功能是否為輔助物或能單獨使用之情形而定。故商標法所稱之「商品」並不專指完全獨立可即使用之「商品」而已，如為輔助物或需依附於他物方能使用之物品，亦係屬商標法所稱之「商品」故商品之零、附件亦應視為各個不同之商品，故若欲使用同一商標於某商品及其零附件時自應將該商標申請註冊於其商品及零附件，以獲得商標法之保護

### 87年度判字第2145號判決

類似商品之認定，不受商品分類之限制。類似商品，應依一般社會通念，市場交易情形，並參酌該商品之產製、原料、用途、功能或銷售場所等各種相關因素判斷之，復為商標法第35條第3項及同法施行細則第15條第2項所規定。系爭商標指定使用於麥芽糖、木瓜糖、冬瓜糖、蕃薯糖、花生糖、薑母糖、果糖、餅乾等商品，與據以核駁商標指定使用於肉食、果蔬（包括乾製、脫水、糖漬、醃製、蓍花）等商品，屬類似商品，業經被告及一再訴願決定論

明，並有申請書附原處分卷可稽，衡諸一般社會通念及交易情形，尚無不合

## 第 20 條 （優先權）【原第4條修正】

　　在與中華民國有相互承認優先權之國家或世界貿易組織會員，依法申請註冊之商標，其申請人於第一次申請日後6個月內，向中華民國就該申請同一之部分或全部商品或服務，以相同商標申請註冊者，得主張優先權。

　　外國申請人為非世界貿易組織會員之國民且其所屬國家與中華民國無相互承認優先權者，如於互惠國或世界貿易組織會員領域內，設有住所或營業所者，得依前項規定主張優先權。

　　依第一項規定主張優先權者，應於申請註冊同時聲明，並於申請書載明下列事項：

　　一、第一次申請之申請日。

　　二、受理該申請之國家或世界貿易組織會員。

　　三、第一次申請之申請案號。

　　申請人應於申請日後3個月內，檢送經前項國家或世界貿易組織會員證明受理之申請文件。

　　未依第3項第1款、第2款或前項規定辦理者，視為未主張優先權。

　　主張優先權者，其申請日以優先權日為準。

　　主張複數優先權者，各以其商品或服務所主張之優先權日為申請日。

## ※ 說明

一、本條由原條文第4條移列，並酌作修正。

二、第1項酌作修正如下：

（一）配合本法第16條之規定，酌作文字修正。

（二）一商標申請案不論係指定一類或多類之商品或服務，申請人皆可引據一件或數件在與中華民國有相互承認優先權之國家或世界貿易組織會員第一次申請案，就部分或全部之商品或服務主張優先權，因此參考英國商標法第35條第1項及澳洲商標法第29條第1項之規定，增訂得就該申請案同一之部分或全部商品或服務以相同商標主張優先權，酌作文字修正。

三、增訂第2項。我國雖非巴黎公約會員，惟依與貿易有關之智慧財產權（TRIPS）協定第2條規定，該協定會員有遵守巴黎公約（Paris Convention）之義務。參照該公約第3條之準國民待遇原則規定，雖非同盟國國民但於同盟國境內有住所或營業所者，亦得依巴黎公約規定主張優先權，因此增訂準國民待遇原則之規定。

四、第3項由原條文第2項移列。主張優先權時，應聲明之事項，依據巴黎公約第4條規定，除原條文已規定應聲明第一次申請之申請日及受理該申請之國家或世界貿易組織會員外，亦應聲明第一次申請之申請案號，因此分款明定，以資明確。

五、第4項由原條文第3項移列。另配合本法第16條之規定，酌作文字修正。

六、第5項由原條文第4項移列。鑑於優先權乃附屬於商標註冊申請案之一種主張，本身不具獨立之權利性質，且主張優先權與否，申請人得自由選擇，故主張優先權不符法定程式或未於期限內檢送證明文件者，宜規定「視為未主張優先權」較為妥適，因此酌

作文字修正。至於第一次申請之申請案號屬於得補正事項,如於申請時未一併聲明者,不視為未主張優先權,併予說明。

　　七、第6項由原條文第五項移列。原規定之「申請註冊日」即為商標之「申請日」,為統一用語,因此酌作文字修正。

　　八、增訂第7項。配合第一項增訂複數優先權之規定,因此明定商標所指定商品或服務之申請日,應分別以各該部分商品或服務所主張之優先權日為準。

## ※ 司法暨行政實務見解

### 91年5月20日院臺經字第0910020463號

　　所報我國已加入世界貿易組織(WTO),擬同意凡WTO會員即可承認其專利、商標優先權一案,同意辦理。

---

### 第 21 條 (展覽會優先權)【新增】

　　於中華民國政府主辦或認可之國際展覽會上,展出使用申請註冊商標之商品或服務,自該商品或服務展出日後6個月內,提出申請者,其申請日以展出日為準。

　　前條規定,於主張前項展覽會優先權者,準用之。

---

## ※ 說明

　　一、為符合國際間有關商標優先權之相關規定,參酌巴黎公約第11條有關展覽會優先權(Right of exhibition priority)規定,增訂

第1項得於我國主張展覽會優先權規定。所謂展覽會，必須是國際性質，亦即，有國外商品參展者方可，且包括在外國舉辦之國際性展覽會，不以在國內所舉辦者為限。

　　二、主張展覽會優先權應於申請註冊同時提出聲明，並於申請書中載明國際展覽會名稱及展覽地所屬國，且應於申請日後3個月內，檢送相關國際展覽會證明文件，違反規定者，視為未主張展覽會優先權，因此增訂第二項準用之規定。

　　三、參照巴黎公約第11條及德國商標法第35條規定，主張展覽會優先權者，優先權期間應自參展之日起算，不得再引據本法第20條之規定主張優先權，其6個月優先權期間自展覽日起算，而非自首次申請日起算。

---

## 第 22 條　（類似商標各別申請時之註冊標準）【原第18條】

　　二人以上於同日以相同或近似之商標，於同一或類似之商品或服務各別申請註冊，有致相關消費者混淆誤認之虞，而不能辨別時間先後者，由各申請人協議定之；不能達成協議時，以抽籤方式定之。

### ※ 說明

　　本條係規定同日申請而不能辨別先後之處理原則。若有2人以上於同日以相同或近似之商標，於同一或類似之商品或服務各別申請註冊，有致相關消費者混淆誤認之虞，卻不能辨別時間先後者，

商標專責機關將指定相當期間，通知各申請人協議；屆期若不能達成協議時，商標專責機關將另行指定期日及地點，通知各申請人以抽籤方式決定申請之先後順序。（商標法施行細則第14條）所謂協議定之，係指必需協議由各申請人之一人申請註冊，若無法達成由其中一申請人申請註冊者，即為協議不成。至若協議內容約定由其中一申請人申請註冊，並於獲准註冊後，再同意由其他一申請人依第23條第1項第13款但書規定申請併存註冊者，係屬當事人間之約定，依現行商標法之精神，似不必排除類此之協議。惟由於本局受理申請案件時，均有註記案件受理時間為某日上午或某日下午，且有收文文號之先後可供辨識申請之先後，因此，本條所規範之情形，發生之機率十分的低，類此協議內容之提出，僅供學術上之研究探討。

### ※ 司法暨行政實務見解

（83）台商字第203560號函

商標法第36條關於抽籤之規定係於2人以上同時申請註冊無法分辨先後時方有其適用，至於已註冊商標共有人間就專用權歸屬之爭執，應另依民事法規，循調解或司法途徑解決之。

---

### 第 23 條 （申請後禁止變更與例外）【原第20條修正】

商標圖樣及其指定使用之商品或服務，申請後即不得變

---

> 更。但指定使用商品或服務之減縮，或非就商標圖樣為實質
> 變更者，不在此限。

## ※ 說明

一、原條文第20條第1項為申請變更之程序事項，為與實體事項區分，移列本法第24條，因此予刪除。

二、原條文第20條第2項列為本條文，並修正如下：

（一）原條文所稱「商標」，係指「商標圖樣」，因此酌作文字修正。

（二）原條文禁止申請後為商標圖樣及其指定使用商品或服務之變更，其立法意旨在於該等事項將影響商標權範圍，進而影響申請日之取得，為避免在原條文第23條第1項第13款所揭示之「先申請註冊原則」下，影響其他在後申請人之權益，故明文禁止。關於商標申請註冊後，商標圖樣是否准予變更，各國審查實務係以有無變更圖樣之實質內容加以判斷，若係刪除圖樣上有使消費者誤認誤信其商品或服務性質、不具識別性或有說明意味之文字或記號，如有機、®或㊣等，不致改變原商標圖樣給予消費者識別來源之同一印象，非屬實質變更，可准予變更。因此參考澳洲商標法第63條及第65條第2項規定，修正本條但書之規定。

三、原條文第20條第3項刪除。本項規定為變更程序之作業事項，屬細節性及補充性規定，毋庸於本法明定，將移列本法施行細則中併同商標權管理如移轉、授權等事項為統一規定，因此予刪除。

## 第 24 條 （商標註冊申請事項之變更）【原第20條修正】

申請人之名稱、地址、代理人或其他註冊申請事項變更者，應向商標專責機關申請變更。

### ※ 說明

本條由原條文第20條第1項移列，並修正如下：

（一）為使商標註冊申請事項變更之範圍更加明確，因此具體規定得變更之申請事項為申請人之名稱、地址、代理人或其他概括事項。

（二）申請人得變更商標註冊申請事項，參考現行專利法施行細則第7條有關變更註冊申請事項之規定，酌作文字修正。

### ※ 司法暨行政實務見解

#### 89年度判字第2504號函

查「商標審定或註冊事項之變更，應向商標主管機關申請核准。商標圖樣及其指定之商品，不得變更，但指定商品之減縮不在此限。前項經核准變更之事項，應刊登商標公報。」為當時商標法第19條所明定，是商標於審定公告後仍得向商標主管機關申請指定商品之減縮，縱在異議程序中，亦非不得申請減縮，所訴系爭商標於審定公告中異議後始申請指定商品之減縮，於法不合一節，核無可採。

## 第 25 條 （註冊事項錯誤與更正）【新增】

　　商標註冊申請事項有下列錯誤時，得經申請或依職權更正之：

　　一、申請人名稱或地址之錯誤。

　　二、文字用語或繕寫之錯誤。

　　三、其他明顯之錯誤。

　　前項之申請更正，不得影響商標同一性或擴大指定使用商品或服務之範圍。

### ※ 說明

　　一、商標註冊申請事項，在不影響商標同一性或擴大指定使用商品或服務範圍之條件下，申請人請求更正錯誤，實務上商標專責機關允許其更正，為使實務作業有明確之依據，因此參考英國商標法第39條第2項及2009年2月26日歐洲共同體商標條例(Council Regulation (EC) No 207/2009 of 26 February 2009 on the Community trade mark)第43條第2項等規定增訂之。

　　二、第1項第3款「其他明顯之錯誤」係指第1款、第2款之外有關申請事項有明顯錯誤之情形，例如：黏貼之商標圖樣倒置等。至於申請指定使用商品或服務之減縮而申請變更，則依第23條規定辦理。

新世紀

> ## 第 26 條 （請求分割之註冊申請案）【原第21條】
>
> 　　申請人得就所指定使用之商品或服務，向商標專責機關請求分割為二個以上之註冊申請案，以原註冊申請日為申請日。

## ※ 說明

　　一、條次變更，條文內容未修正。依本條規定，申請人得就所指定使用之商品或服務，向商標專責機關請求分割為二個以上之註冊申請案，以原註冊申請日為申請日。按單一申請案可以指定使用於多種類別，是申請人得視需要，於申請中得將一申請案請求分割為二以上之申請案而不影響其申請日。

　　二、申請分割商標註冊申請案者，應備具申請書，按分割件數檢送分割申請書副本及其申請商標註冊之相關文件（商標法施行細則第22條）。於核駁審定確定前，申請人可以分割註冊申請案或減縮其指定使用之商品或服務（商標法施行細則第27條第2項）。

　　三、至於商標註冊申請案經審查後，認有部分指定商品或服務不得註冊者，且申請人未主動申請分割時，專責機關是否會主動為部分核准、部分核駁？按專責機關於審查後認有部分指定商品或服務不得註冊者，將發給核駁理由先行通知書，請申請人於規定期限內陳述意見；若申請人於收受核駁理由書後，未主動申請分割或減縮商品者，商標專責機關將逕予核駁之審定。

## 第 27 條 （權利之移轉）【原第22條修正】

因商標註冊之申請所生之權利，得移轉於他人。

### ※ 說明

一、商標申請註冊後，得將該商標註冊之申請案所生之權利讓與他人。商標於申請註冊後，申請人取得申請註冊日，而有優先獲准註冊之法律地位，並得排除後申請註冊者以相混淆之商標申請註冊的權利，為明確商標先申請註冊者之法律地位，便利申請人商業活動與商標管理的需要，爰明定因商標註冊之申請所生之權利，得移轉於他人。商標申請註冊案之讓與，受讓人應檢附經雙方簽名或蓋章之契約書或同意讓與之移轉證明文件。

二、因商標註冊申請所生權利之移轉，因尚未註冊，並無產生登記對抗效力之問題，因此刪除原條文第2項。

### ※ 司法暨行政實務見解

#### 智慧財產法院 98 年度民商上易字第 3號民事判決

按凡因表彰自己之商品或服務，欲取得商標權者，應依商標法申請註冊，商標法第2 條定有明文，是商標法就商標權的取得並非採取所謂的「先使用主義」，而是採取「註冊保護主義」，即商標必須取得商標註冊，才能取得商標權。又同法第22條規定：「因商標註冊之申請所生之權利，得移轉於他人。受讓前項之權利者，非經請准更換原申請人之名義，不得對抗第三人」，準此，商標權得為移轉，且於登記後該移轉的事實可對抗第三人。本件系爭商標既

已合法移轉被上訴人，並經登記在案，參照上揭規定意旨，自屬被上訴人所有，上訴人主張應由謝家兄弟公同共有系爭商標云云，於法不合，應不足採。

---

### ※ 延伸閱讀

呂靜怡，論商標法有關「非經登記不得對抗第三人」之問題，萬國法律第165期，2009年6月，第79-87頁

---

## 第 28 條 （共有商標之移轉與拋棄等）【新增】

共有商標申請權或共有人應有部分之移轉，應經全體共有人之同意。但因繼承、強制執行、法院判決或依其他法律規定移轉者，不在此限。

共有商標申請權之拋棄，應得全體共有人之同意。但各共有人就其應有部分之拋棄，不在此限。

前項共有人拋棄其應有部分者，其應有部分由其他共有人依其應有部分之比例分配之。

前項規定，於共有人死亡而無繼承人或消滅後無承受人者，準用之。

共有商標申請權指定使用商品或服務之減縮或分割，應經全體共有人之同意。

## ※ 說明

　　一、配合本法第7條新增共有商標申請之制度，增訂共有商標申請權或共有人應有部分之移轉、拋棄及共有商標申請權指定使用商品或服務之減縮或分割之規定。

　　二、第1項有關共有商標申請權之移轉，影響共有人之權益甚鉅，故應得全體共有人之同意。又共有商標申請權之共有關係可分為分別共有及公同共有二種，依民法第831條準用分別共有或公同共有之規定，商標申請權為分別共有之情形，如果允許共有人未經其他共有人全體同意而自由處分其應有部分，將嚴重影響共有商標指示商品或服務來源與品質之能力，故第一項特別規定，共有人未得其他共有人之同意，不得以其應有部分讓與他人，以排除民法第819條第一項規定之適用。至於商標申請權如為數人公同共有時，其權利之行使，仍適用民法第828條第3項規定，原則上亦應經全體共有人同意，自不待言。惟因繼承、強制執行、法院判決或依其他法律規定移轉者，則無須全體共有人之同意，因此為但書規定。

　　三、第2項有關共有商標申請權之拋棄，對共有人權益影響重大，亦應得全體共有人之同意。至於共有人拋棄其應有部分者，應不影響其餘共有人之權益，本得逕行為之，因此為但書規定。

　　四、第3項明定共有人拋棄其申請權之應有部分，其應有部分應如何歸屬，為免商標申請權共有關係益形複雜，因此參考著作權法第40條第2項及積體電路電路布局保護法第21條第3項規定，明定經拋棄之應有部分，由其他共有人依其應有部分比例分配之。

　　五、第4項明定共有人中有人死亡而無人繼承，或法人消滅而無人承受之情形，其申請權利應有部分之歸屬，因此參考著作權法第40條第3項規定，準用第3項規定，使其應有部分亦歸由其他共有

人依其應有部分比例分配之。

六、共有商標申請權指定使用商品或服務之減縮或分割，影響共有商標權利之範圍，為保障共有人權益，因此於第五項明定仍應得全體共有人之同意。

## 第 2 節　審查及核准

### ※ 說明

本節新增，為原條文第3章移列

---

### 第 29 條 （商標不得註冊之原因）【原第23條、第19條修正】

商標有下列不具識別性情形之一，不得註冊：

一、僅由描述所指定商品或服務之品質、用途、原料、產地或相關特性之說明所構成者。

二、僅由所指定商品或服務之通用標章或名稱所構成者。

三、僅由其他不具識別性之標識所構成者。

有前項第1款或第3款規定之情形，如經申請人使用且在交易上已成為申請人商品或服務之識別標識者，不適用之。

商標圖樣中包含不具識別性部分，且有致商標權範圍

---

產生疑義之虞，申請人應聲明該部分不在專用之列；未為不專用之聲明者，不得註冊。

## ※ 說明

一、本條由原條文第19條、第23條第1項第1款至第3款及第4項移列。

二、原條文第23條第1項所定商標不得註冊事由，有屬欠缺構成商標積極要件者，亦有屬商標註冊之消極要件者。為釐清其內涵，因此將原條文第23條第1項第1款至第三3及第4項，有關商標識別性積極要件欠缺之情形，因使用而取得識別性及原條文第19條不具識別性應聲明不專用之具體內容於本條規定。至於其他不得註冊之情形，則於本法第30條規範之，以資明確。

三、第1項由原條文第23條第1項第1款至第3款移列，並修正如下：

（一）商標識別性應整體判斷，故縱使商標圖樣中包含說明性、通用標章或通用名稱或其他不具識別性之部分，倘整體觀之，並無礙其作為識別來源之標識，則仍可取得商標註冊，實務上之運作亦是如此。為期適用明確，因此參考日本、歐盟等國外相關立法例，於第1項各款增加「僅由」二字。

（二）第1款由原條文第23條第1項第2款移列，並修正如下：1.原條文所例示關於「功用」說明之情形，易與同項第4款關於「功能性」之情況相混淆，因此將該例示文字修正為「用途」，以資區辨。2.為商品或服務特性說明之情況甚多，為明確其內涵，因此增訂關於「原料」、「產地」等例示之事項，並酌作文字修正。

（三）第2款由原條文第23條第1項第3款移列，並酌作文字修正。

（四）第3款由原條文第23條第1項第1款移列。商標不具識別性之原因，有基於說明性者，有屬商品通用名稱者，亦有前述以外不具識別性之情形，例如僅由簡單線條、基本幾何圖形或單一字母所構成者。現行商標審查實務，對識別性欠缺之情形，如能具體歸類為說明性或通用名稱者，即分別依前二款規定予以核駁，屬於前開規定以外不具識別性之情形，始依本款規定核駁。為使不具識別性之態樣有明確法律適用順序及釐清識別性之具體內容，因此增訂商標整體僅由其他不具識別性之標識所構成者，亦不得註冊。

四、第2項為原條文第23條第4項移列，並配合本條文第1項第1款及第3款內容之修正，因此酌作修正。

五、第3項係由原條文第19條移列，並修正如下：

（一）原條文關於「若刪除該部分則失其商標之完整性」文字，指申請時所檢附之商標，通常係為申請人已經實際使用，或想要在市場上使用之商標，自申請人使用之角度觀察，說明性或不具識別性部分本身，亦為完整商標之一部分，若將之刪除，實已失去申請商標原來之完整性。又自商標註冊之角度觀察，商標整體具識別性者，即符合商標區別商品或服務來源之功能，除非有刪除之必要性，例如該不具識別性之部分，有原條文第23條第1項第11款使消費者誤認誤信商品或服務性質、品質或產地之虞之情形，否則即應依聲明不專用以取得註冊，以尊重申請人實際使用之需求而無限制之必要，因此刪除該等文字。

（二）聲明不專用制度之目的，在於避免申請人於商標註冊後，濫行主張權利，造成第三人之困擾。設若不具識別性部分，並

無使第三人對商標權範圍產生疑義之虞，例如係通用名稱或明顯不具識別性之說明性文字等情形；如「嘉禾不動產」使用於不動產租售、買賣服務，「不動產」為指定服務之說明，若申請人於申請時未聲明，依現行法規定，審查時仍須要求申請人補正聲明不專用，徒增公文往返時間，影響審查時效，復因商標註冊所賦予權利之範圍明確，自無單獨就該不具識別性部分主張排他使用之可能，商標專責機關應無庸要求申請人再就該部分聲明不專用。惟該部分若有致商標權範圍產生疑義之虞，仍應就該部分聲明不在專用之列，例如將說明性或不具識別性文字予以圖形化，使商標圖樣整體具有識別性，惟該等文字若有致商標權產生疑義，申請人仍應聲明該等文字不在專用之列，以釐清專用範圍。因此參考2009年2月26日歐洲共同體商標條例第37條第2項規定，予以修正。

## ※ 案例事件

### HSBC控股申請註冊商標 碰壁

英商HSBC控股公司申請註冊「THE WORLD'S LOCAL BANK」商標，智財局認為中文翻譯成「世界的地方銀行」，並不具識別性，台北高等行政法院支持智財局見解，表示該商標由單純外文組成，中譯為「世界的地方銀行」，屬敘述性文字，並沒有HSBC聲稱的「環球金融，地方智慧」的譯意，若指定使用在銀行或金融業的相關服務，相關消費者無法認知該商標是表彰服務的標識，也無法與他人的服務作區別，因此不具先天識別性。【引自2007-11-19/經濟日報/A13版/稅務法務】

**網路用語 申請商標 城邦申請案 智財局：不會過**

城邦文化事業申請好人卡、囧rz為商標，引發網友反彈，經濟部智財局特別公告聲明，類似城邦這樣的申請案不會過關。智財局指出，商標最主要的構成要件就在「具識別性」，網路常用語因人人使用，不具區別商品或來源功能，申請人單獨以該等文字、圖形、符號作為商標圖樣申請註冊，無法獲准。【引自2006-05-03/聯合報/A10版/綜合】

---

### 第 30 條（商標不得註冊之原因 II）【原第23條修正】

商標有下列情形之一，不得註冊：

一、僅為發揮商品或服務之功能所必要者。

二、相同或近似於中華民國國旗、國徽、國璽、軍旗、軍徽、印信、勳章或外國國旗，或世界貿易組織會員依巴黎公約第6條之3第3款所為通知之外國國徽、國璽或國家徽章者。

三、相同於國父或國家元首之肖像或姓名者。

四、相同或近似於中華民國政府機關或其主辦展覽會之標章，或其所發給之褒獎牌狀者。

五、相同或近似於國際跨政府組織或國內外著名且具公益性機構之徽章、旗幟、其他徽記、縮寫或名稱，有致公眾誤認誤信之虞者。

六、相同或近似於國內外用以表明品質管制或驗證之

國家標誌或印記，且指定使用於同一或類似之商品或服務
者。

　　七、妨害公共秩序或善良風俗者。

　　八、使公眾誤認誤信其商品或服務之性質、品質或產
地之虞者。

　　九、相同或近似於中華民國或外國之葡萄酒或蒸餾酒
地理標示，且指定使用於與葡萄酒或蒸餾酒同一或類似商
品，而該外國與中華民國簽訂協定或共同參加國際條約，
或相互承認葡萄酒或蒸餾酒地理標示之保護者。

　　十、相同或近似於他人同一或類似商品或服務之註冊
商標或申請在先之商標，有致相關消費者混淆誤認之虞
者。但經該註冊商標或申請在先之商標所有人同意申請，
且非顯屬不當者，不在此限。

　　十一、相同或近似於他人著名商標或標章，有致相關
公眾混淆誤認之虞，或有減損著名商標或標章之識別性或
信譽之虞者。但得該商標或標章之所有人同意申請註冊
者，不在此限。

　　十二、相同或近似於他人先使用於同一或類似商品或
服務之商標，而申請人因與該他人間具有契約、地緣、業
務往來或其他關係，知悉他人商標存在，意圖仿襲而申請
註冊者。但經其同意申請註冊者，不在此限。

　　十三、有他人之肖像或著名之姓名、藝名、筆名、字
號者。但經其同意申請註冊者，不在此限。

　　十四、有著名之法人、商號或其他團體之名稱，有致
相關公眾混淆誤認之虞者。但經其同意申請註冊者，不在

此限。

　　十五、商標侵害他人之著作權、專利權或其他權利，經判決確定者。但經其同意申請註冊者，不在此限。

　　前項第9款及第11款至第14款所規定之地理標示、著名及先使用之認定，以申請時為準。

　　第1項第4款、第5款及第9款規定，於政府機關或相關機構為申請人時，不適用之。

　　前條第3項規定，於第1項第1款規定之情形，準用之。

## ※ 說明

一、第1項修正如下：

（一）為因應本次修正已將原條文第5條移列於修正條文第18條，並於修正條文第29條第1項統一規定商標不具識別性之情形，原條文第23條第1項第1款至第3款移列修正條文第29條第1項。

（二）第1款由原條文第23條第1項第4款移列，並修正如下：1.商標功能性問題不僅限於商品或其包裝容器之立體形狀，顏色及聲音亦有功能性問題。因此刪除「商品或包裝之立體形狀」等文字，以資周延。2.是否具功能性應就商標整體判斷之。倘商標整體具有識別性，縱使商標某一部分具功能性之特徵，仍可就該部分聲明不在專用之列後取得註冊，因此增加「僅」字，以資適用。

（三）第2款由原條文第23條第1項第5款移列。配合巴黎公約第6條之3第3款規定，因此增訂相同或近似於世界貿易組織會員依巴黎公約前揭條款所為通知之外國國徽、國璽或國家徽章者，亦不得註冊。

（四）第3款由原條文第23條第1項第6款移列，內容未修正。

（五）第4款由原條文第23條第1項第7款移列。因本款所稱展覽會指政府機關舉辦者而言，因此酌作文字修正，以資明確。

（六）第5款由原條文第23條第一項第八款移列，並修正如下：1.依巴黎公約第6條之3有關保護國際跨政府組織標誌之規定，其適用範圍應限於商標相同或近似於國際跨政府組織，依巴黎公約該條第三款所為通知，且未經我國根據該條第4款提出異議或已撤回異議之組織徽章、旗幟、其他徽記、縮寫和名稱，有致公眾將其與國際跨政府組織產生聯想者。2.現行「國內外著名機構之名稱、徽記、徽章或標章」之規定，其所保護之標的應為具有公益性之名稱、徽記、徽章或標章等，不具公益性之名稱、徽記、徽章或標章等，不論是否具有著名性，皆不應屬本款保護範圍。是以，本款規定為絕對不准註冊之公益事由，因此參考2009年2月26日歐洲共同體商標條例第7條第1項（i）款之規定，配合巴黎公約第6條之3之規定修正本款適用範圍，以資明確。

（七）第6款由原條文第23條第1項第9款移列。配合巴黎公約第6條之3三有關保護國家本身品質管制及驗證之國家標誌與印記之規定，因此酌作文字修正。

（八）第7款及第8款分別由原條文第23條第1項第10款及第11款移列，內容未修正。

（九）第9款由原條文第23條第1項第18款移列，並修正如下：1.現行規定「酒類地理標示」與與貿易有關之智慧財產權(TRIPS)協定「葡萄酒或蒸餾酒（wines and spirits）地理標示」相較，顯然過廣，因此參考我國菸酒管理法之定義用語及日本商標法第4條第1項第17款規定，修正為「葡萄酒或蒸餾酒地理標示」。2.增加「且指

定使用於與葡萄酒或蒸餾酒同一或類似商品」之構成要件，較為周延，因此酌作文字修正。

（十）第10款由原條文第23條第1項第13款移列。現行同意商標並存註冊制度，鑑於二商標權人若以相同商標指定使用於同一商品或服務，商標將喪失應有之正確指示商品或服務來源之功能，並影響消費者權益，為顯屬不當之情形，因此於原條文予以排除。惟實務上，除前述情形外，尚有其他顯屬不當之情形，例如註冊商標業經法院禁止處分，商標權人仍持續同意他人之商標並存註冊。為期周延，因此修正為若有顯屬不當之情形，即便該註冊在先或申請在先商標所有人已出具同意並存註冊書，仍不應核准其註冊，以符合本法立法意旨。至於同一集團或關係企業間，基於全球佈局或市場經營需求，若非以完全相同商標指定使用於同一商品或服務，所為並存註冊之同意，應可認為非顯屬不當，併予說明。

（十一）第11款由原條文第23條第1項第12款移列，內容未修正。

（十二）第12款由原條文第23條第1項第14款移列，並修正如下：1.本法除以保障商標權人及消費者利益為目的外，亦寓有維護市場公平競爭秩序之功能。於本法86年5月7日修正時，即本此意旨，將因與他人有特定關係，而知悉他人先使用之商標，非出於自創加以仿襲註冊者，顯有違市場公平競爭秩序情形，列為不得註冊之事由。2.原條文未完全反映前揭仿襲之立法原意，致商標審查實務在適用上產生疑義，因此酌作修正，以資明確。至於申請人是否基於仿襲意圖所為，自應斟酌契約、地緣、業務往來或其他等客觀存在之事實及證據，依據論理法則及經驗法則加以判斷。3.為統一用語，但書部分酌作文字修正。

（十三）第13款由原條文第23條第1項第15款移列，並為統一用語，但書部分酌作文字修正。

（十四）第14款由原條文第23條第1項第16款移列。本款與第10款至第13款規定相同，均有可能得到權利人同意之情形，惟現行條款未如該等條款設有經同意者之除外規定，因此增訂但書規定。

（十五）第15款由原條文第23條第1項第17款移列。為統一用語，但書部分酌作文字修正。

二、第2項酌作修正。原條文第23條第2項之規定，易使人誤會關於該條第一項第12款、第14款至第16款及第18款規定，其所有構成要件之事實狀態認定時點，皆以申請時為準。實則上開款次之構成要件中，僅關於地理標示、著名及先使用之認定，以申請時為準，因此予修正，以資明確。

三、第3項酌作修正。配合第一項之款次變更而予修正，並增訂關於修正條文第一項第九款不得註冊之限制，於申請人為相關機關單位時，排除適用之規定。

四、增訂第4項。商標圖樣部分包含發揮商品或服務之功能所必要之部分，亦應經申請人聲明該部分不在專用之列，始可核准其註冊，因此增訂準用前條有關聲明不專用之規定。

五、原條文第23條第4項關於取得識別性之規定，移列修正條文第29條第2項。

## ※ 案例事件

### 「超神奇」不符商標法 「超神拖把」註冊敗訴

江姓業者以「超神拖把」的文字為商標，向經濟部智慧財產局註冊，智慧財產局表示，「超神拖把」整體文義含有超神奇很好用的拖把之意，會使消費者聯想為業者賣的拖把具有「超神」功能，不符商標法規定，因此未准註冊。業者不服向智慧財產法院提行政訴訟，智慧財產法院法官認為，商標法第23條第1項第2款規定「商標表示商品或服務之形狀、品質、功用或其他說明者，不得註冊」，「超神拖把」有「超神奇、很好用的拖把」之意，且說明商品品質和功用，依商標法不准註冊並無不當，判業者敗訴。【引自2010-12-04/聯合報/A16版/社會】

### 不准註冊 甕窯雞老闆力爭

宜蘭知名的「甕窯雞」業者以「甕窯雞」三字和下方一隻雞的圖案為商標，向經濟部智慧財產局申請商標註冊，但智產局審查後認為，此商標容易讓消費者聯想商品的料理方法，依商標法第23條第1項第2款規定，「商標如係表示商品或服務之形狀，品質、功用或其他說明者，不得註冊」，因此未准註冊。業者不服，向經濟部訴願委員會訴願，仍被駁回，再向智慧財產法院提起行政訴訟，法官以商標與業者提供的服務有密切關聯，不得註冊商標，因此判業者敗訴。【引自2010-08-26/聯合報/B2版/宜花綜合新聞】

### 強生 將訴請撤銷X-BIKE商標

有廠商以「X-BIKE」提出商標申請，由於主管機關智財局對此商品名不了解而取得商標權，該廠商針對此進行取締打擊同業。強生公司表示，依據商標法第23條第1項第3款：所指定商品或服務之通用標章或名稱者，不得註冊商標。「X-BIKE」是運動器材界的通用名稱，強生公司發出鄭重聲明，將尋求相關法律等途徑，提出「X-BIKE」名稱撤銷商標之訴，強生公司並保留造成企業名譽損失的法律追訴權。【引自2010-04-12/經濟日報/E2版/工商活動】

### 青島啤酒註冊台灣青啤 敗訴定讞

89年間台灣三洋維士比公司創立「台灣青啤股份有限公司」，引進「中國青島啤酒」。95年7月間台灣青啤公司以中文「台灣青啤」商標，向智財局申請指定使用於該公司相關酒類商品上，但因和台灣菸酒公司註冊多年的「台灣啤酒TAIWAN BEER」近似，智財局審查後認為，台灣青啤和台灣啤酒，4字中有3字相同，也指定在相同酒類商品，有高度近似性，依商標法第23條規定應不准註冊。最高行政法院認為，「台灣啤酒」是台灣耳熟能詳的商標，已建立起商譽，具有識別性，應受較大的保護，而應排除其他近似的商標註冊申請，且消費者極可能誤認兩商標是同一來源，以為兩者存有關係企業、授權或加盟關係，基此採取支持智財局立場，而不准台灣青啤商標註冊。【引自2010-02-28/自由時報】

### 圖形比文字易過關

商標可以分為文字與圖形，不過註冊文字商標特別有風險。例

如美國人壽的「一定保」，一眼望去就給人「一定會承保」印象，明白宣告「服務品質」，落入商標法第23條第1項第2款的禁止註冊之列。【引自2009-01-19/經濟日報/D3版/稅務法務】

### 曾記米麻糬 不准註冊曾福記

花蓮米麻糬老店「曾記米麻糬」申請「曾福記」商標，卻遭到正牌的「曾福記米麻糬」踢館，導致商標遭到經濟部智慧局撤銷。曾記不滿，提起行政訴訟，合議庭認為，曾記因為同業競爭關係，早就得知「曾福記」商標的存在，卻沒有經過曾福記米麻糬的同意，就擅自申請註冊該商標，已觸及商標法第23條第1項第14款規定，因此智慧局撤銷曾記的「曾福記」商標，並無違誤。【引自2008-12-24/經濟日報/A13版/稅務法務】

### 申請CLEAR商標 聯合利華敗訴

荷商聯合利華公司2004年為洗髮精產品申請「CLEAR」商標，遭智財局否准，台北高等行政法院也認為該商標易使消費者以為是產品說明，且該商標在台灣尚未打開知名度，判聯合利華敗訴。智財局認為「CLEAR」有「潔淨的、使乾淨的」的意思，會使消費者聯想該洗髮精有潔淨頭髮或使頭髮乾淨的效果，直接說明產品功能，不符合商標法第23條規定，予以否准。【引自2007-10-08/經濟日報/A13版/稅務法務】

### 聯合利華商標訴訟 駁回

聯合利華以「DECLARE YOUR BEAUTY」申請商標，遭智慧

財產局駁回，聯合利華轉向智慧財產法院提行政訴訟。就商標部分，法院認為之前已有廠商註冊，且用於相同商品類別，恐導致消費者誤認為同來源的系列商品，予以駁回。另外，法院認為智慧局未依商標法第23條第1項規定審查，僅以商標近似及商品類似等理由來認定使消費者有混淆誤認，卻未詳述理由，審查上有疏失，要求智慧局重新裁量。【引自2012-04-05/經濟日報/A22版/稅務法務】

### 新巴倫斯vs.先施 N字戰爭 New Balance敗訴

美商新巴倫斯運動鞋公司（New Balance）認為，先施百貨公司註冊在鞋靴上的「雙N設計圖」商標，與其「N」字母商標雷同，向經濟部智財局異議不成，提起訴願也遭駁回，該公司不服提起行政訴訟，日前遭到台北高等行政法院判決敗訴。判決指出，此案的兩個商標，雖然均有「N」字母，但先施百貨公司註冊的商標，有二個「N」字母，且是一大一小，一墨色一反白；新巴倫斯運動鞋公司的商標，則只有一個「N」字母，且是反白，外圍佐以類似方塊的幾何圖形，另一個商標，除「N」字母外，還有類似橫向鋸齒反白設計。綜觀兩家公司的商標，於異時異地隔離整體觀察，在外觀、構圖意匠及觀念上，均迥然有別。兩公司的商標不會造成近似，消費者也不至於混淆誤認，沒有商標法第23條第1項第13款前段規定的適用，智財局作成異議不成立處分，於法並無不合。【引自2006-03-20/經濟日報/A13版/稅務法務】

### 童軍標章嵌國徽 面臨被撤銷註冊

中國童子軍總會於1997年9月以「國徽」為主要圖識的標章，

向智財局申請團體標章獲准。但有民眾認為該童軍總會標章違反商標法向智財局申請評定被駁回，繼而向台北高等行政法院提訟也敗訴，上訴至最高行政法院後，最高行政法院認為，（舊）商標法第37條明定：「相同或近似於中華民國國旗、國徽、國璽、軍旗、印信、勳章或外國國旗者」，不得申請註冊。自不得以相同或近似於此等標記之圖樣作為商標申請註冊。中國童軍總會標章正中內嵌「中華民國國徽」而為標章主體，易使大眾混淆誤認該總會為國家機構或政府組織，更未考量商標權具有「排他性專有使用權」特性，若許童軍總會註冊該標章，無異使該會享有「國徽專用權」，因而撤銷原判決，要求智財局重為適法之裁處。【引自2005-01-10/聯合晚報/10版/大社會】

### 地名當商標 不得混淆產地來源

大成長城企業以「大成鹿野」作為肉乾、肉酥等製品的註冊商標，商標中的「鹿野」，智財局認為（舊）商標法第37條明訂，商標有使大眾誤認其商品性質、品質或產地者，不得申請註冊。台東鹿野為近年來著名的旅遊觀光地，除以產茶著稱外，休閒牧場、農場亦有之，為國人習知具有好山好水的鄉鎮，以此為商標，有使消費者混淆之虞。台北高等行政法院亦支持智財局見解，依此駁回大成長城的行政訴訟。【引自2003-08-15/經濟日報/7版/金融、稅務】

女兒紅酒名 不准註冊

某日商打算以「女兒紅」為酒名註冊商標，不料卻遭經濟部智慧財產局駁回。智產局指出，如果商品本身名稱與社會一般觀念中的物品相同，廠商不得申請註冊。如廠商不可光以「啤酒」兩字為商標。高等行政法院亦採取支持智財局之見解，認為在台灣民眾的

觀念裡，女兒紅本來就是黃酒的一種，廠商不能申請註冊。【引自2003-05-29/經濟日報/8版/綜合新聞・稅務法務】

## ※ 司法暨行政實務見解

### 最高行政法院100年度裁字第828號裁定

所謂「消費者」，係指已購買及將購買該商品或服務之人，故不論為「一般消費者」亦或是「相關消費者」，皆仍係指有意願使用相關商品或服務之人，且商標法所欲保護之消費者，絕非僅指已接受該商品或服務之人，對於可能之消費者、未來之消費者，均係商標法所欲保護之對象。

### 智慧財產法院99年度行商訴字第67號行政判決

原告「愛瑪仕精品婚紗攝影」雖主張其所提供之服務乃為結婚新人提供攝影服務，未有新人至其店內欲購買參加人所有據以評定商標品牌之皮包、鞋子、香水，兩者為不同之行業別云云。惟查系爭商標指定使用於「新娘禮服出租、禮服出租、服裝租賃、結婚儀式及場地禮車之安排佈置」等服務，而據以評定商標係使用於服裝、鞋子、皮包、珠寶、手錶、香水等商品，兩者使用類別雖有不同。惟本件參加人所註冊之據以評定商標其指定使用之商品進入我國市場業已近二十年，且廣泛於我國之百貨公司、飯店精品名店街、機場免稅商店等設置專櫃販賣商品，且亦多次舉辦該品牌之商品展，且透過大量廣告行銷普見於國內各大平面或電子媒體，且除廣告行銷外，其相關商品資訊亦廣為前述媒體報導，消費者於目睹或聽聞「愛馬仕」時，其所立即聯想之產品來源即為參加人，且據

以評定商標所表彰商品之品質與信譽已廣為相關業者或消費者所普遍認知而達著名，且其著名程度相當之高。而對於著名商標有無混淆誤認之虞此一規定之適用，並不以與之比對之商標各自所指定使用之商品或服務是否相同或類似為限，蓋就相衝突商標所表彰之各種商品或服務是否構成混淆誤認之虞之判斷，與商標之著名程度及識別性關係密切且相互消長，商標越具有識別性且越著名，其所能跨類保護之商品範圍就越大，即越易判斷為構成混淆誤認之虞；反之，若商標係習見之商標或著名性較低，則其跨類保護之範圍就較小。本件原告系爭商標與參加人據以評定商標其指定商品服務類別雖有不同，惟本件據以評定商標既屬著名程度相當高之商標，以其著名程度對其保護之商品範圍自應較為廣泛，而不應以其申請指定使用之商品類別為限，且輔以據以評定商標係使用於服裝、鞋子、皮包、珠寶、手錶、香水等商品，已屬多角化使用與經營，且其商標經由前述之媒體報導、廣告行銷等方式，已普遍為一般消費者所認識。一般消費者於認知上雖常賦予據以評定商標所表彰之商品為精品之形象，惟此僅屬對於價位之認知，然對於其商品與服務之種類之認知已不僅以其所指定使用之服裝、鞋子、皮包、珠寶、手錶、香水等商品為限。況系爭商標所使用之新娘禮服出租、禮服出租、服裝租賃等服務，亦常需搭配服裝、鞋子、皮包、珠寶、手錶、香水等商品，以表現其意境或凸顯其價值等，此由原告商標名稱中尚有「精品」二字，亦可得知系爭商標確有可能使公眾或消費者混淆誤認此二商品之來源同一，或誤認二商標之商品或服務為同一來源之系列商品或服務，或誤認二商標之使用人間存在關係企業、授權關係、加盟關係或其他類似關係。..本院審酌系爭商標與據以評定商標二者識別性之強弱、二商標之近似及商品或服務類似

等相關因素之強弱程度、相互影響關係及各因素等綜合因素，認為系爭商標已達有致相關公眾產生混淆誤認之虞情形，自有現行商標法第23條第1項 第12款前段規定之適用。

### 智慧財產法院 99年度行商訴字第1號行政判決

系爭商標圖樣係由單純橫書之中文「蒸功夫」所構成；據以評定商標圖樣則由一類似知名人物「李○龍」之肖像圖及中文「真功夫」上下併列組合而成。二者相較，雖據以評定商標圖樣另有一肖像圖，惟二者文字部分之「蒸功夫」及「真功夫」，不僅讀音幾近相同，且其末二字均為相同之中文「功夫」，異時異地隔離觀察及於實際購買連貫唱呼之際，整體圖樣實難謂無予人有同一或系列商標之聯想，應屬構成近似之商標。系爭商標指定使用「飲食店、小吃店、茶藝館、咖啡廳、酒吧、速簡餐廳、自助餐廳、流動飲食攤」等服務，與據以評定商標指定使用之「餐廳、茶藝館、咖啡廳、酒吧、自助餐廳、流動飲食攤、飲食店、速簡餐廳」等服務相較，二者均為提供餐飲之相關服務，於滿足消費者之需求、服務提供對象及服務提供者上，均具有共同或關聯之處，依一般社會通念及市場交易情形，復屬同一或類似之服務，且其類似程度極高。又據以評定商標為參加人及其關係企業大陸地區廣東市真○夫餐飲管理有限公司首創，使用於餐廳等服務之商標，自西元2004年創用伊始即已使用於其中式速食連鎖餐廳服務，且至西元2005年其於大陸地區之連鎖直營店數即已突破百家，迄今其擴展店數並已達2 百餘家。而該連鎖餐廳係標榜利用電腦程控蒸氣設備，達到80秒鐘取餐、口味一致及無需廚師之目標，克服中式快餐業「標準化」之難題，且其強調以「蒸」之方式，烹飪出營養之中式美食。其店面除

於招牌上明顯標示據以評定商標之圖樣外，並於店內以大幅字體標示「『蒸』的營養專家」等字樣。且大陸地區各大報章雜誌自西元2005年3 月起即皆以「真功夫，打造中式快餐第一品牌」、「原汁原味的『蒸』美食」、「到『真功夫』體驗『蒸』文化」等為標題，大幅報導其於餐飲界之事蹟。凡此，有參加人提出之真功夫連鎖餐廳簡介、報章雜誌及網路報導資料等證據資料影本附原處分卷可稽，堪認據以評定商標於大陸地區早已具有相當程度之知名度。而以兩岸語言、文化相近，經貿往來頻繁，且國內天下雜誌亦曾報導真功夫連鎖餐廳之事蹟等情，亦堪認據以評定商標於國內應亦已具有其知名度。反觀原告所檢送之店面照片、名片及帳簿等證據資料，固亦足認原告實際上確有使用系爭商標之事實，惟僅由該金額、數額有限之行銷使用資料，尚難遽認系爭商標業經原告廣泛行銷使用而已於國內具有其知名度。故兩造商標相較，據以評定商標應仍為相關消費者所較為熟知者而應給予較大之保護。本件衡酌兩造商標近似之程度，及其指定使用者皆為同一或高度類似之「餐廳」等服務等因素，並考量據以評定商標為相關消費者所較為熟知而應給予較大保護，且其使用時皆強調標榜其「蒸」之烹飪方式等情綜合判斷，原告以中文「蒸」結合「功夫」作為系爭商標圖樣，指定使用於「速簡餐廳」等服務，相關消費者實極有可能誤認其與據以評定商標所表彰之服務係來自同一來源或雖不相同但有關聯之來源，而有混淆誤認之虞，依商標法第23條第1 項第13款規定，系爭商標自不得註冊。

## 智慧財產法院99年度行商訴字第232號行政判決

　　原告以完全相同的中文「大長今」作為本件商標圖樣，指定使用於商標法施行細則第13條所定修正前商品及服務分類表第35類之「藥膳零售、化妝品零售、農產品零售、食品及飲料零售、五金及家庭日常用品零售、化學製品零售、藥物零售、文教用品零售、布疋及衣服及服飾配件零售、畜產品零售、水產品零售、販賣機租賃、百貨公司、超級市場、便利商店、超級商店、購物中心、郵購、電視購物、網路購物」服務等與韓國享有國際盛譽之人蔘相關商品，有致藥材、養生、藥膳之相關公眾對其表彰之商品來源或產製主體，產生混淆誤認之虞。

## 智慧財產法院99年度行商訴字第227號行政判決

　　原告系爭商標「BoBo Young泡泡羊及圖」係由一擬人化之動物頭部外圍加上類如泡泡之髮型作為其設計特徵…而被告否准原告系爭商標之註冊申請，所依據者乃註冊第1239532號「奶油獅圖形」、第1300016 號「Butter Lion 及圖」商標。…茲比較系爭商標與據以核駁商標二者，兩者主要吸引注意之處均為頭部，至於據以核駁商標之軀幹部份因所佔比例較小，且過於細微，尚非主要之識別部分。承前所述，本件二商標吸引注意之處均在頭部，而此二商標之動物頭部均為橫向橢圓造型，頭部外圍均有類似波浪環繞之設計，原告系爭商標雖為類似數個圓球連接而成，惟每個圓球之弧形突出處仍類似波浪之外觀，而據以核駁商標雖每個波浪之弧形不一，然仍屬波浪之形狀，兩者仍屬高度近似之設計。又原告系爭商標與據以核駁商標兩者之動物眼睛均為黑點造型，縱使高度不同，

乍然視之，其差異並不大…對消費者而言，倘異時異地隔離觀察，恐將難以區別究竟為「羊」或「獅」，而此種難以區別之情況，即商標法所欲避免之混淆誤認。換言之，原告系爭商標與據以核駁商標既然構成近似，則不論原告將系爭商標之擬人化動物稱之為「羊」、或「犬」，仍無法改變兩者近似之事實，是原告上開主張，自屬無據。…況本件據以核駁商標「奶油獅」乃我國雄獅文具股份有限公司使用多年之商標，早於原告系爭商標，且已具有一定程度之知名度，其識別性自較系爭商標為高，因此，本院審酌兩者商標識別性之強弱、商標之近似及商品或服務類似等相關因素之強弱程度、相互影響關係及各因素等，認為原告系爭商標確有致相關消費者產生混淆誤認之

## 智慧財產法院99年度行商訴字第245號行政判決

　　一、一般消費者於觀察系爭商標時，無法將聲明不專用之「台灣圖形」、中文「台灣」及外文「Taiwan jewel orchid」部分完全分離而不觀察，又系爭商標主體之中文「純金連」部分，難忽略任一字於不顧，自無省略「純」字之理；而據以核駁商標之中文「滷肉飯」部分雖經聲明不專用，惟其使用之中文字體與「金連」部分係屬相同，該五個中文字體於視覺效果上有其一體性，且尚有其獨特設計感之「房屋」及「火焰」圖形部分及色彩之對比，是系爭商標與據以核駁商標雖均有中文「金連」之部分，惟其間仍僅有低度近似，其近似程度不高。

　　二、系爭商標指定使用於「茶葉包、綜合植物飲料、青草植物茶（包）」等商品，而據以核駁商標雖亦有指定使用於「冷熱飲料店」等服務，惟原告乃以生產健康保健食品為主，據以核駁商標之

權利人除指定使用於「冷熱飲料店」外，尚指定使用於「小吃店、飲食店」，係為專營滷肉飯之小吃店，並未有近似於系爭商標所指定使用之商品，故二商標指定使用之商品服務類似程度亦不算高。

## 最高行政法院99年度判字第1324號判決

　　對於商標保護在立法上有不同對策，而分別在商標法第23條第1項各款規定不同構成要件及規範目的。商標法第23條第1項第11款所規範對象在於商標本身與所指定商品或服務之聯結，致使消費者誤認商標所表彰商品或服務之性質、品質或產地。其規範目的在於制止商標構成要素之圖樣文字等，與其指定使用商品或服務之不實關係，防止消費者因商標表徵之外形、讀音或觀念等與指定使用之商品或服務不相符合，以致於消費者誤認誤信而予以購入商品或服務，受不測損害之公益目的，與同條項第13款及第12款前段之混淆誤認之虞之保護，係在於防止衝突商標間之混淆誤認之虞，二者應加以區辨，不可混同。則性質、品質或產地誤認誤信之虞有無之判斷，應從商標本身圖樣文字整體的外形、觀念或讀音等觀察，就商標給予消費者的印象，加上與商標指定之商品或服務之聯結，考量指定商品或服務在市場交易之實際情事，以指定商品或服務消費者之認識、感知為基準，從商標自體構成直接客觀判斷，是否消費者所認識商品之產地、販售地，或服務之提供地，在實際使用上有異於其所認識之性質、品質或產地等，致消費者有誤認誤信之虞，始有本款之適用。又商標圖樣文字與其指定商品或服務之關聯性雖屬判斷是否該當本款之因素之一，但應以消費者地位判斷，以構成商標之圖樣文字等係直接表示商品或服務之特性，直接判斷其關聯是否致生誤認誤信之虞，而非經比較而得出混淆誤認之虞。所以該

商標與商品或服務之性質、品質或產地,自無適用經濟部頒「混淆誤認之虞審查基準」所列各要素,以相互比較混淆誤認之虞可言,另就商標之著名性亦無與產地等之著名性比較其消費者熟悉程度可言。原判決一再強調瑞士以產製品質優良的鐘錶著稱於世,一般人看到瑞士(SWISS),就會想到鐘錶,系爭商標亦指定使用在鐘錶商品上,而有「混淆誤認之虞」等語,就適用商標法第23條第1項第11款,自有適用法規不當之違法。

### 最高行政法院 99年度判字第88號判決

我國或各國常見姓氏使用於商品或服務,雖於消費者認知,常僅指該商品或服務業者之姓氏,而非作為商品或服務來源之標識,一般業者之姓氏使用於商品或服務,固難認具識別性,但若該姓氏經使用而足以使一般商品購買人認識其為表彰商品之標識,並得藉以與他人之商品相區別者,自不能否認其識別性,此在「豐田TOYOTA」日本姓氏之於汽車商品或服務、「麥當勞McDonald」美國姓氏之於美式速食商品或服務,均具有極強大的識別性,即其適例,是以一般姓氏使用於商品或服務,仍應考量就指定使用之商品、消費者之認知、實際交易情況及其使用方式,相關消費者是否視為區別來源之標識,而認定其是否具識別性,殊無逕以姓氏為由,而未考量其使用於商品或服務情況或其他因素,即率予否定其識別性,進而率予認定他人使用該姓氏商標之近似商標無致混淆誤認之虞。經查,原判決以VALENTINO為義大利常見姓氏一節,認為二商標不構成近似,係將據以異議商標唯一可資區別之外文VALENTINO視為系爭商標中不具識別力之附屬部分,而未考量指定使用之商品、消費者之認知、實際交易情況及其使用方式,相關

消費者是否視為區別來源之標識，而認定其是否具識別性，自有判決理由不備之違法。

### 智慧財產法院98 年度民商訴字第 19 號民事判決

　　兩造所販售商品之材料均來自日本機能素材研究所株式會社，此為兩造不爭執…且原告於西元2008年9 月24日寄予被告之電子郵件內自承「KUROMANIN 品牌名稱係屬日本機能素材研究所已在日本及多國註冊之商標」等情，原告並稱其在台灣申請註冊系爭「KUROMANIN」商標有得到日本機能素材研究所株式會社同意云云，惟並未舉證以實其說，足見被告抗辯原告係因地緣與業務往來關係而知悉日本機能素材研究所株式會社「クロマニン」商標之存在，始於台灣申請註冊，應可採信，故系爭「KUROMANIN 」商標即有商標法第23條第1 項第14款規定之不得註冊之事由，原告（利害關係人）除得依同法第50條第1 項規定提請智慧局評定撤銷其註冊外，亦得依智慧財產案件審理法第16條第1 項規定於本件民事事件中為抗辯。

### 智慧財產法院98 年度民公上字第 1號民事判決

　　上訴人所有之「SUB 」及「SUBWAY」字樣及圖樣之商標，及其加盟店所使用之淺綠底白／黃字樣之「SUBWAY」招牌，雖為上訴人營業表徵。但查，被上訴人砂○公司所有之「SUBBER及圖」之商標，已於93年9 月7 月1 日經智財局核准登記，用於三明治速食餐廳、飲食店、冷熱飲料店、點心吧類之商品及服務之商標…。而被上訴人砂○公司所有之上開商標外文「SUBBER」並

無固定字義，上訴人所有之上開外文「SUBWAY」則指地下鐵，
「SUB 」為潛水艇之意，均為普通習知之文字，二者商標觀念並
不相同，且被上訴人之商標並未突顯「SUB 」一字，與上訴人之
商標「SUBWAY」、「SUB 」於外觀及讀音上應可區別，以具有
普通知識經驗之消費者，於購買時施以普通之注意，應可分辯其來
自不同之營業主體．自無使人有所混淆而誤認二者提供之營業或服
務為同一來源或誤認不同來源之間有所關聯之虞。本件上訴人曾以
被上訴人所獲准註冊之「SUBBER及圖」之商標違反商標法第23條
第1 項第12款、第13款、第14款規定為由向智財局提出異議，智財
局亦認定上訴人主張被上訴人上開「SUBBER及圖」商標違反商標
法第23條第1 項第12款、第13款部分之異議，並不成立，且上訴人
未依限補正其主張之商標法第23條第1 項第14款之異議理由，遂駁
回上訴人異議…。另台灣台北地方法院檢察署亦以「SUBBER」及
「SUBWAY」非屬近似商標為由，就上訴人對被上訴人陳○荃、邱
○璽及訴外人邱○瑜之侵害商標告訴為不起訴處分…。益認被上訴
人使用上開SUBBER商標並無違反公平交易法第20條第1 項第2 款之
規定。

## 智慧財產 98 年度行商更(一)字第 3號法院行政判決

「好柿多」商標與參加人「好市多」商標比較，二中文之第一
個字「好」及第三個字「多」相同，僅第二個字有「柿」及「市」
之別，而「柿」及「市」外觀上僅有「木」字邊之差別，消費者可
能由「好柿多」聯想到「好市多」，而誤以為「好柿多」為「好市
多」之系列商標之一；次查二中文「好柿多」及「好市多」之讀
音完全相同，於交易市場連貫呼唱之際，自易使相關公眾對二造商

標之讀音產生混淆誤認之虞，縱二商標中文之第二個字「柿」及「市」有字義上之差別，亦不影響其近似性，應認為係近似之商標。系爭商標指定使用於「新鮮水果及蔬菜」商品，與據爭商標指定使用於「雜貨零售、食品零售、飲料零售、…果汁零售…」等服務相較，因後者之服務有提供前者商品之銷售，故二者商品與服務間應具共同或關聯之處，且依一般社會通念及市場交易情形，應存在有類似之關係，且其類似程度亦不低。…綜合衡酌前揭因素，系爭商標與據爭等商標近似之程度及商品或商品與服務類似之程度高，導致有混淆誤認之虞的機率即極大，且因其他參考因素並無足以排除兩造商標混淆誤認之虞之情形存在，是相關消費者極有可能誤認二者係來自同一來源，或其等之使用人間存在關係企業、授權關係、加盟關係或其他類似關係，而有混淆誤認之虞。原處分認兩造商標非屬近似，即逕為異議不成立之處分，即不無商榷之餘地。

## 最高行政法院 98年度判字第 1505 號判決

商標異議事件，其商標近似之態樣有外觀近似、觀念近似及讀音近似，而判斷有否致相關公眾或相關消費者混淆誤認之虞者，其中關於商標是否近似，依各款規定分別應考量相關公眾或相關一般消費大眾施以普通注意之原則、通體觀察及比較主要部分之原則、異時異地隔離觀察之原則，另仍應考量商標之商標識別性之強弱、系爭商標與據以異議商標之是否近似及近似之程度、商品或服務是否類似及其類似之程度、先權利人是否有多角化經營之情形、是否有實際混淆誤認之情事、相關公眾或消費者對系爭商標與據以異議商標熟悉之程度、系爭商標之申請人是否善意以及是否有其他混淆誤認等判斷混淆誤認之因素存在，方能妥當認定系爭商標是否有

商標法第23條第1項第12、13款之混淆誤認之虞情形，正確適用法規，公允審定商標異議是否成立。是於商標近似及商品/服務類似之法定要件齊備之情形下，仍須具備導致有混淆誤認之虞，方能作成異議成立之審定。

### 最高行政法院98年度判字第 1487 號判決

本件系爭商標，係訴外人高○利前於91年2月21日以「吮ㄗㄨㄣˇ○王」商標，指定使用於當時商標法施行細則第49條第29類之米漿、豆花、豆漿、仙草凍、咖啡凍、茶凍、肉羹、炸雞、雞腿、炸雞塊、滷翅膀、滷雞爪、烤雞排、炸雞排、炸蝦、花枝丸、魷魚羹、速食海鮮湯、炸薯條商品，向上訴人智慧局申請註冊，經審查核准列為審定第1032060號商標。嗣高○利於92年3月31日將系爭商標讓與吮○王公司，並於92年4月28日申准商標申請人變更登記。嗣上訴人即參加人肯○基公司持未註冊之「吮指」作為據爭商標，以系爭商標有違當時商標法第37條第7款及第14款之規定，對之提起異議，經原審斟酌全辯論意旨及調查證據之結果，以上訴人即參加人於異議程序中所提88年5月31日「肯德基吮指原味雞上市新聞稿發布作業」及同年月2日至20日之新聞剪輯，多以「肯德基吮指原味雞」為標題，乃係以上訴人即參加人「肯德基」、「桑德士上校」之註冊商標（註冊號：第00016125號、第0039709號等，以下均稱原註冊商標）所表彰之「吮指原味雞」產品作為廣告行銷之標的，其中「吮指」2字尚非作商標使用；另異議證據附件22之宣傳海報內容，亦未見以據爭「吮指」2字作為商標使用在商品上，只有「KFC」及其上校圖商標之標示；其餘報紙報導、海報、型錄、餐點優惠券等之行銷廣告資料亦均僅顯示：「肯德基」或「KFC」

及其上校圖商標之使用，其中有關「吮指」2字在該等行銷廣告或報導資料中均僅係作為上訴人即參加人原註冊商標商品即餐點產品之特定名稱，無法執為上訴人即參加人已將「吮指」2字作為商標使用之直接證據等涉及未註冊之「吮指」是否足為商標使用之事實，原審依職權就上訴人即參加人所提異議證據詳為調查與辯論結果，始認定上訴人即參加人並無將「吮指」2字作為商標使用之事實，並將其調查證據及論述理由記載在原判決第10-11頁，其認事用法即屬有據，並未違反經驗法則及論理法則，亦無判決不備理由之違背法令情形。上訴意旨指稱原判決認定「吮指」僅作為餐點產品之特定名稱，非做商標使用，顯有認定事實違反經驗法則及論理法則及判決不備理由等違法，難謂有據。

### 最高行政法院94年判字第1981號判決

商標圖樣相同或近似於他人同一商品或類似商品之註冊商標者，不得申請註冊，為系爭商標異議審定時商標法第 37 條第 12 款所明定。又商標圖樣之近似，以具有普通知識經驗之購買人，於購買時施以普通所用之注意，有無混同誤認之虞判斷之。且商標主要部分在外觀、觀念或讀音方面有一近似者，即為近似之商標。另判斷商標是否有混同誤認之虞，應就其主要部分隔離觀察。所謂主要部分，指商標中具有識別不同商品之部分而言。本件原審參加人於 89 年 12 月 8 日以「金牛座圖（彩色）」商標，指定使用於當時商標法施行細則第 49 條所定商品及服務分類表第 16 類之色紙、印刷紙、包裝用波狀紙板、面板、衛生紙、紙餐巾、紙桌巾、紙手帕及貼紙等商品，向原處分機關申請註冊，經其審查准列為審定第 981303 號商標，嗣上訴人以該商標有違註冊時商標法第 37 條

第 5、7、12 及 14 款之規定，對之提起異議，經原處分機關審查以 91 年 7 月 31 日（91）智商 0860 字第 910064571 號發文之中台異字第 910121 號審定書為系爭商標審定應予撤銷之處分，原審參加人不服，提起訴願，被上訴人以經訴字第 09106129050 號決定「原處分撤銷，由原處分機關另為適法之處分」，上訴人向原審法院提起行政訴訟，仍遭判決駁回，上訴人仍表不服，遂向本院提起上訴。原判決認系爭商標與據爭商標相較，雖均具有大頭大臉及身體短小，及白胖之臉部神情，但查系爭商標為一擬人化之金牛造型，而據爭商標則為一貓圖，二者屬性顯有差異，一般消費者並非不能區辨，加上系爭商標擬人化之金牛造型尚有葫蘆臉造型、戴牛型頭套、有明顯牛角、牛鼻環、牛鈴、牛尾及角蹄之正向坐姿設計，與據爭商標貓圖臉上有鬍鬚、貓耳上繫有蝴蝶結、側坐且露有尾巴，以及另有已熟知之「HELLO KITTY」文字之設計，二者外觀構圖意匠已有明顯差異，予人寓目觀感有別，於異時異地隔離觀察，以具有普通知識經驗之購買人，於購買時施以普通之注意，尚無使人產生混淆誤認之虞，應非屬構成近似之商標。兩商標既非近似，據爭商標之著名性如何，則非所問。

### 最高行政法院94年判字第1645號判決

本件上訴人申請註冊之「美又美又美」服務標章圖樣係由未經設計之單純中文「美又美又美」所構成，與據以核駁之註冊第 22098 號「巨林美而美」服務標章圖樣相較，二者予人寓目印象均為「美X美」，異時異地隔離觀察，有致一般消費者產生混淆誤認之虞，應屬近似之服務標章。且前者指定使用於餐飲速食店服務，與後者指定使用之冷熱飲料店、飲食店、小吃店、飯店、餐廳等服

務，應屬同一或類似服務，易使消費者誤認為同一或同系列標章，從而對其服務提供者產生混淆誤認之虞，自有首揭法條之適用。

### 最高行政法院94年判字第1327號判決

　　原判決以衡酌兩商標是否近似，以具有普通知識經驗之購買人，於購買時施以普通所用之注意，有無混同誤認之虞判斷之。系爭申請註冊之「SCOTTISH HOUSE及圖」聯合商標圖樣上之圖形，與據以核駁註冊第 741668 號「狗圖」商標圖樣上之圖形相較，二者皆為長方形的臉型、矮短的腿及短小上翹尾巴之站立狗圖為圖形設計主體，雖設色上有彩色及墨色之差異，惟其整體構圖意匠極為相彷彿，異時異地隔離觀察，難謂無使購買者產生混淆誤認之虞，應屬近似商標，復均指定使用於衣服之同一或類似之商品，自有行為時商標法第 37 條第 12 款規定之適用，業已敘明其判斷之依據及得心證之理由，經核並無違背論理及經驗法則，尚無上訴人所指判決有違背法令情事。又原判決就二商標雖有設色上有彩色及墨色之差異，惟認其整體構圖意匠極為相彷彿，異時異地隔離觀察，難謂無使購買者產生混淆誤認之虞，經核亦無不合。上訴人指原判決審認二商標圖樣有「設色上之差異」，卻未進一步就該等「設色差異」及因有外文部份通體觀察為組合式商標之態樣，並無產生混淆誤認之虞乙節加以審認，有判決不備理由或理由矛盾之違背法令云云，殊無足採。

**(98)智商0390字第09780034870號函**

商標法第23條第1項第13款規定「相同或近似於他人同一或類似商品或服務之註冊商標或申請在先之商標,有致相關消費者混淆誤認之虞者」,除非經該註冊商標或申請在先之商標所有人同意申請註冊者外,不得註冊。故一註冊商標縱僅指定於「語文補習班」,其他人以「相同圖樣」指定於「珠算補習班」、「心算補習班」或「鋼琴補習班」服務申請註冊,二者皆屬於知識或技術傳授之服務,其在滿足消費者的需求上以及服務提供者或其他因素上,具有共同或關聯之處,如果標上相同或近似的商標,依一般社會通念及市場交易情形,易使一般接受服務者誤認其為來自相同或雖不相同但有關聯之來源,二者核屬類似之服務。因同一商標於客觀上有可能使相關消費者誤認二者服務來自相同之營業主體,或者誤認二商標之使用人間存在關係企業、授權關係、加盟關係或其他類似關係,應有前揭法條規定之適用,在審查實務上,他人除有但書規定之適用,應不得註冊。

**(86)台商字第220276號**

按商標之標示,應足使一般商品購買人認識其為表彰商品之標識,並得藉以與他人之商品相區別者而言。而一般裝飾性著作圖案之標示,若僅係商品外觀之裝飾美化,並無有致消費者對其商品來源產生混同誤認之虞者,尚與商標使用型態有別。惟商標圖樣包括文字、圖形、記號等標識,圖樣本身亦可能為一著作圖案;其使用在商品或其包裝、容器上,是否構成商標使用,應就市場實際交易情形等具體客觀事實,視其是否足資消費者藉以區別所表彰之商品

來源以為斷。

### （73）台訴字第17949號

系爭「大高雄牛乳大王」及「新高雄牛乳大王」服務標章圖樣之首字「大」、「新」為一般習慣上通用之形容詞，「高雄」二字係再訴願人營業所在地之地名，而「牛乳大王」四字則係餐宿、冷熱飲食店等營業普通使用之文字，業經原決定書論明，再訴願人以之作為服務標章之圖樣，使用於冷熱飲食店、餐宿及旅行等營業申請註冊，即與系爭服務標章所指定使用之營業具有密切關連，自係表示系爭服務標章所使用營業之說明。

### ※ 延伸閱讀

黃銘傑，商標法第二三條第一項第十二款與第十四款之瑜亮情結－評最高行政法院九十八年度判字第三二一號判決，月旦法學雜誌，第192期，2011年5月，第132-155頁

許曉芬，人之砒霜我之蜜糖－從原創性觀點評高等法院九十四年度上訴字第一二九五號判決，月旦法學雜誌，第190期，2011年3月，第158-170頁

洪大植，大愛無線VS.大愛、慈濟大愛之商標近似爭議－智慧財產法院98年度行商訴字第132號判決評析，法令月刊，第62卷第2期，2011年2月，第54-66頁

李建良，行政法：第十一講－行政裁量與判斷餘地，月旦法學教室第98期，2010年12月，第34-49頁

劉孔中、王敏銓，從比較商標理論及實務探討公示著名

商標案件之必要性與方法，政大法學評論第117期，2010年10月，第269-303頁

　　許忠信，論著名商標之沖淡行為與作商標使用行為之區別-九十四年智上易字第五號判決評析，月旦裁判時報第 4 期， 2010年8月，第93-101頁

　　黃銘傑，公司名稱之人格權保護與商標法、公平交易法間之糾葛—評台灣高等法院九十六年上更(一)字第一二六號「東森不動產仲介經紀有限公司」vs.「東森建業不動產仲介經紀股份有限公司」判決，月旦法學雜誌，第160期，2008年9月，第191-213頁

　　梅安華，由「賽德克‧巴萊」註冊案探討商標法上公序良俗條款，國立中正大學財經法律學研究所碩士論文，2010年

　　蘇郁雯，美國商標法上通用標章之研究，國立中正大學財經法律研究所，2007年

## 第 31 條　（核駁審定）【原第24條修正】

　　商標註冊申請案經審查認有第29條第1項、第3項、前條第1項、第4項或第65條第3項規定不得註冊之情形者，應予核駁審定。

　　前項核駁審定前，應將核駁理由以書面通知申請人限期陳述意見。

　　指定使用商品或服務之減縮、商標圖樣之非實質變更、註冊申請案之分割及不專用之聲明，應於核駁審定前為之。

### ※ 說明

　　一、第1項配合本次修正條次變更，因此予修正，並配合修正條文第29條第3項及第30條第4項不得註冊之情形，增列為核駁事由。

　　二、因考量住所或營業所在國外之申請人，其陳述意見書信郵寄往返需時較長，與在國內之申請人給予相同之陳述意見期間，易造成準備期間不足，而請求展期之情形，第2項因此刪除30日之法定期間限制，修正為限期陳述意見，以資適用。

　　三、增訂第3項，理由如下：

　　（一）商標註冊申請案，若僅部分指定使用之商品或服務與在先權利相衝突，得透過減縮該部分商品或服務之方式加以排除；或透過申請分割之方式，以先取得部分商品或服務之註冊。從而依本法施行細則第27條第2項規定，申請人得提出申請減縮、分割商品或服務之時點，與申請註冊範圍之確認及審查密切相關，係屬涉及

人民之權利義務事項，依中央法規標準法第5條第2款規定，應以法律定之，因此予明定。

（二）關於申請人得提出上述申請之時點，考量實務上於核駁審定後行政救濟期間始減縮商品或服務及申請分割者，因行政救濟機關無法進行審查，往往須由商標專責機關以違法事由不存在而先自行撤銷原處分，再另重新審理另為處分之方式處理，反覆審查，浪費行政資源。復按現行制度已採行核駁理由先行通知機制，並於此次修正放寬陳述意見期間，申請人已有充分審慎斟酌考量是否減縮商品或服務、商標圖樣之非實質變更及申請分割之機會，復為使案件早日確定，自應就核駁審定後請求減縮及申請分割之時點加以限制，因此規定應於核駁審定前為之。至於其所申請之商標經核准審定者，於核准審定後，仍可請求減縮及申請分割，自不待言。

（三）另申請人於核駁審定後，於行政救濟階段為聲明不專用者，行政救濟機關亦無法進行審理，因此修正條文第29條第3項及第30條第4項為不專用之聲明者，亦應於核駁審定前為之。

---

### 第 32 條 （核准審定）【原第25條修正】

商標註冊申請案經審查無前條第1項規定之情形者，應予核准審定。

經核准審定之商標，申請人應於審定書送達後2個月內，繳納註冊費後，始予註冊公告，並發給商標註冊證；屆期未繳費者，不予註冊公告。

申請人非因故意，未於前項所定期限繳費者，得於繳費期限屆滿後6個月內，繳納二倍之註冊費後，由商標專責

機關公告之。但影響第三人於此期間內申請註冊或取得商標權者，不得為之。

## ※ 說明

一、第1項規定，商標註冊申請案應予核准審定的情形。商標專責機關經審查無前條第1項之不得註冊事由，即應予核准審定。對於不得註冊事由是否審查，各國採行方式不同，有絕對審查制度（或稱全面審查制度）、相對審查制度（或稱部分審查制度）及不審查制度三種方式。分述如下：

（一）絕對審查制度：係指商標審查機關對公益及私益（之不得註冊事由，均主動全面加以審查。例如我國、日本採此法例。

（二）相對審查制度：商標審查機關並不審查與私益有關之不得註冊事由，僅審查其申請之商標是否有違形式要件及是否違背公益有關之不得註冊事由等，而私益部分則交由私人或司法機關處理，商標審查機關在申請註冊階段並不介入或干預。例如歐洲聯盟、德國等即採此法例。

（三）不審查制度：商標審查機關不論對公益及私益之不得註冊事由，均不加以審查。例如1996年1月1日前之荷比盧商標局，縱涉及公益部分亦不作審查。惟目前荷比盧商標局已明文規定，在某特定原因之下，商標圖樣若有「絕對不得註冊事由」，不被視為商標，其「不審查」已轉變成相對審查。

二、第2項酌作修正。商標申請案，經核准審定後，在未繳納註冊費並為註冊公告前，申請人尚未取得商標權，申請人繳費與否，僅與商標專責機關是否為註冊公告相關，與核准審定之效力無涉，因此予修正。

三、增訂第3項,理由如下:

(一)現行實務上商標專責機關送達註冊費繳納通知信件時,如申請人出國或其他非故意事由,致未能遵守繳費期限,由於該等事由並不屬於原條文第9條第2項所規定之「天災或不可歸責於己之事由」,且原條文第25條及第26條所規定之繳費期間為不變期間,是以,申請人無法依原條文第9條第2項規定申請回復原狀,也無其他救濟方法以恢復其權利。而商標從申請至核准審定,除申請人已投入許多精力、時間及金錢外,商標主管機關亦已投入相當之行政資源從事審查,認其一切符合法律規定始予以核准審定。再者,商標若已開始於市場上使用,申請人所為之投資更大。因此,對於申請人非因故意,遲誤繳納註冊費者,因此參考商標法新加坡條約(STLT)第14條第2項及第4項之規定,增訂其救濟及繳納二倍註冊費之規定,以資調和適用。

(二)申請人非因故意而未能遵守前項期限,雖得申請復權,惟為維護權利之安定性,並避免因復權而發生混淆之商標並存之現象,若有第三人於此商標審定失效期間內,因信賴無在先商標之存在而申請註冊,或商標專責機關已核准他商標註冊者,即不宜核准其復權,因此以但書規定復權之限制。


## 第 3 節　商標權

### ※ 說明

本節新增,由現行第4章移列。

## 第 33 條 （商標權）【原第27條修正】

　　商標自註冊公告當日起，由權利人取得商標權，商標權期間為10年。

　　商標權期間得申請延展，每次延展為10年。

### ※ 說明

　　第2項因本法92年5月28日修正時已統一將「商標專用權」改稱為「商標權」，因此刪除「專用期間」四字。

## 第 34 條 （申請商標權期間延展註冊）【原第28條修正】

　　商標權之延展，應於商標權期間屆滿前6個月內提出申請，並繳納延展註冊費；其於商標權期間屆滿後6個月內提出申請者，應繳納二倍延展註冊費。

　　前項核准延展之期間，自商標權期間屆滿日後起算。

### ※ 說明

　　一、第1項酌作修正。原條文第一項規定易使人誤會延展註冊可於期間屆滿前6個月起至屆滿後6個月內提出申請，實則延展註冊應於商標權期間屆滿前6個月內提出申請，若未能於前述期間內提出申請，而於商標權期間屆滿後6個月內之寬限期間提出申請者，須繳納二倍延展註冊費始得接受其申請，為免誤解，因此將「加

倍」修正為「二倍」，並酌作文字修正。

二、第2項商標權期間之起算，配合修正條文第16條之規定，酌作修正。另因商標權具有得無限次數延展之永續權利性質，第三人如於商標權期間屆滿後6個月內，有侵害商標權之行為，商標權人仍得主張其權利，惟若逾法定申請延展期間，商標權人仍未申請延展者，始有依修正條文第47條第1款規定，自商標權期間屆滿後消滅之適用，並予說明。

---

**第 35 條 （商標權得商標權人同意取得情形）【原第29條修正】**

商標權人於經註冊指定之商品或服務，取得商標權。

除本法第36條另有規定外，下列情形，應經商標權人之同意：

一、於同一商品或服務，使用相同於註冊商標之商標者。

二、於類似之商品或服務，使用相同於註冊商標之商標，有致相關消費者混淆誤認之虞者。

三、於同一或類似之商品或服務，使用近似於註冊商標之商標，有致相關消費者混淆誤認之虞者。

商標經註冊者，得標明註冊商標或國際通用註冊符號。

---

## ※ 說明

一、在各國立法制度中，商標權利之取得可以分為註冊制度、使用制度以及混合制。使用制度，是根據商標使用之先後確定商標權之歸屬，商標之註冊係作為宣示作用，其重在商標信譽之累積。註冊制度係以商標申請先後作為商標權利歸屬之依據。強調權利取得之確定性。採取混合制者，不論註冊或使用均可取得權利。此以英國及德國為代表。本條規定明示我國採取註冊制度。

二、第2項配合本次修正條次變更，因此予修正。另第1款至第3款酌作文字修正，以資明確。

三、增訂第3項。商標使用時註明為註冊商標或註冊標記，可藉以提醒第三人避免侵權，進而維護商標權。

## ※ 司法暨行政實務見解

### 智慧財產法院99年度民商訴字第2號民事判決

本件被告臺中郵局向寰華公司採購仿冒原告系爭商標之飄逸杯1350組，係於一般人向臺中郵局投保人壽保險後贈送予投保人使用，被告並未基於行銷目的將系爭商標使用於臺中郵局之保險業務，亦未將採購之仿冒系爭商標之飄逸杯作銷售等具商業目的之使用，故被告並無以系爭商標表彰自己之商品或服務來源之意思，亦無以系爭商標行銷自己商品或服務之目的，核與商標使用之定義尚有未符，而非商標之使用，自不構成商標法第29條第2項第1款、第61條第2項規定之商標權侵害。

## 智慧財產法院98年度民商上更(一)字第 1 號民事判決

　　所謂「致相關消費者混淆誤認之虞」，係指商標有使相關消費者、公眾對其所表彰之商品來源或產製主體發生混淆誤認之虞而言，而判斷是否有混淆誤認之虞，依經濟部智慧財產局公告之「混淆誤認之虞」審查基準，應以：1、商標識別性之強弱；2、商標是否近似暨其近似之程度；3、商品/服務是否類似暨其類似之程度；4、先權利人多角化經營之情形；5、實際混淆誤認之情事；6、相關消費者對各商標熟悉之程度；7、系爭商標之申請人是否善意；8、其他混淆誤認之因素等，為判斷基準。」、「前述各項因素具有互動之關係，原則上若其中一因素特別符合時，應可以降低對其他因素的要求。」、「雖然本法修正後之諸多條文將混淆誤認之虞與商標近似及商品/服務類似併列，然而真正形成商標衝突的最主要原因，也是最終的衡量標準，乃在於相關消費者是否會混淆誤認。至於商標的近似及商品／服務的類似，應是在判斷有無『混淆誤認之虞』時，其中的二個參酌因素，而條文中之所以特別提列出這二個參酌因素作為構成要件，是因為『混淆誤認之虞』的成立，這二個因素是一定要具備的。不過在反面推論時，則要注意，在商標近似及商品/服務類似要件具備的情形下，雖然導致有混淆誤認之虞的機率極大，但並非是絕對必然的，有可能因為其他重要因素的存在」，「由於混淆誤認各相關因素的強弱都可能影響對其他因素的要求程度」，另「二商標外觀、觀念或讀音其中之一的近似，並非即可推論商標之整體印象即當然近似，仍應以其是否達到可能引起商品／服務之消費者混淆誤認的程度為判斷近似之依歸。」…。依上開基準之規定，商標近似及商品/服務類似要件，固係商標衝突判斷因素應具備之因素，但商標衝突最主要最終的衡

量標準係相關消費者是否有混淆誤認之虞，商標近似及商品/服務類似要件雖具備，但仍可能因其他重要因素，而不致有混淆誤認之虞，審查商標時不得以判斷是否致相關消費者混淆誤認其中單一因素決定是否致混淆誤認之虞（最高行政法院98年度判字第455 號判決意旨參照）。

### 智慧財產法院97年民商上易字第4號民事判決

上訴人既係經營「半島飲食行」，以小吃店業為其所營事業，則其於招牌、招牌燈上使用「半島飲食行」、「簡餐」、「火鍋」、「冷熱飲」、「COFFEE」、「CAFE」等文字，縱使其上「半島」2 字之字體較其他文字為大，惟此乃「半島飲食行」之特取部分，則該店招均僅表示所經營小吃店（餐廳）之名稱及所販售之商品，而咖啡為一般飲食行、小吃店或餐廳通常銷售之物，縱使被上訴人將系爭商標指定使用於「咖啡」之商品，未經其同意，不得將系爭商標使用於同一或近似之商品或服務（商標法第29條第2項規定參照），然商標權非謂被上訴人得毫無限制地排除第三人依一般通常情形使用「咖啡」、「COFFEE」、「CAFE」之用詞，否則逾越商標權之權利外延，顯非商標法第1 條所定「保障商標權及消費者利益，維護市場公平競爭，促進工商企業正常發展」之立法目的。故此店招純為上訴人所營事業之名稱標示，並非基於行銷之目的，將「半島」用於任何商品、服務、有關物件或媒介物，而足使相關消費者認識「半島」為其商標。

## (92)智商0941字第9280594990號函

…關於上開侵權行為之仿冒品，商標權人得依商標法第61條規定請求排除侵害，並對於侵害商標權之物品或從事侵害行為之原料或器具，請求銷毀或為其他必要處置。所詢查封之手錶仿冒品，依商標法規定，是否禁止拍賣之疑義乙節，按查封之手錶，既屬仿冒註冊商標之商品，若逕將其拍賣，因拍賣亦屬商品買賣行為之一種，依商標法第61條第1項規定，自仍有侵害該商標權之虞，是除經商標權人同意外，拍賣前，應先將仿冒品上之商標除去，較為妥適。

## （86）台商字第216192號

一、按民國47年10月24日修正公布之商標法第11條第2項規定，商標權以請准註冊之標章及所指定之商品為限，所稱「標章」，係指商標圖樣而言，若未將商標名稱載入申請註冊之圖樣構成商標之部分，即不在專用權範圍之內，故依前揭舊商標法所取得註冊之商標，其商標權應不包括未載入圖樣中之商標名稱。縱民國61年7月4日修正公布之商標法第21條第2項及第34條規定，商標權以請准註冊之圖樣及名稱為限暨註冊商標之名稱，除已載入圖樣中外，於使用時予以標明者，可受商標法之保護。惟依法律不溯及既往原則，民國61年以前註冊之商標，尚無該法之適用。

二、又民國72年1月26日修正公布之商標法第67條之1復規定「本法修正前註冊之商標，其商標名稱未載入圖樣中，而於本法修正前使用時予以標明者，得於本法修正施行後2年內，檢具使用證明，向商標主管機關申請將其名稱載入圖樣」，故商標權人未於前法施行2年內（至民國74年1月25日止）申請將其所使用之名稱載入

圖樣者，商標權即皆以請准註冊之商標圖樣為限。

三、次按商標法第31條第1項第1款規定之適用要件，所謂自行變換商標圖樣或加附記者，其行為主體除商標權人外，若商標權人明知授權使用人或第三人變換或加附記，而仍同意其使用，自與其「自行」變換或加附記者無異，應仍有前揭條款規定之適用，至單純授權使用人自己之行為，尚難認為構成據以撤銷商標權人商標權之依據。

### （84）台商字第213450號

一、我國商標法關於商標權之取得，係採先申請先註冊主義，即以申請先後來認定可否優先註冊取得專用權，與使用之先後尚無必然關係。因此申請註冊商標之前，雖已有他人使用在先，並非當然不得註冊，需就個案相關事證判斷有無構成不得註冊之情事。

二、以他人使用在前之立體圖案作為商標申請註冊，依商標法規，有左列之處理情形：

（一）該立體圖案具有商標或標章之性質，則可依相關證據，斟酌有無商標法第37條第1項第7款「襲用他人之商標或標章有致公眾誤信之虞者，不得申請註冊。」規定之適用。被襲用者在商標審定公告期間，可提出異議，在商註冊後，則可申請評定其註冊無效。

（二）該立體圖樣不具有商標或標章之性質，但有著作權或其他合法權利者，則依商標法第31條第1項第4款規定：「商標侵害他人著作權、新式樣專利權或其他權利，經判決確定者。」，商標主管機關應依職權或據利害關係人之申請撤銷商標權。

（三）該立體圖案不具有商標或標章之性質亦無著作權或其他

合法權利，則尚無商標法上之問題，至於有無公平交易法之適用，請洽行政院公平交易委員會。

　　三、先使用而未註冊之商標，如遭他人搶先註冊，先使用人除可依前揭第二項（一）欄之說明主張外，尚得依商標法第23條第2項規定：「在他人申請商標註冊前，善意使用相同或近似之商標圖樣於同一或類似之商品，不受他人商標權之效力所拘束。」主張繼續使用之權利。

---

### 第 36 條　（不受他人商標權效力拘束之情形）【原第 30條修正】

　　下列情形，不受他人商標權之效力所拘束：

　　一、以符合商業交易習慣之誠實信用方法，表示自己之姓名、名稱，或其商品或服務之名稱、形狀、品質、性質、特性、用途、產地或其他有關商品或服務本身之說明，非作為商標使用者。

　　二、為發揮商品或服務功能所必要者。

　　三、在他人商標註冊申請日前，善意使用相同或近似之商標於同一或類似之商品或服務者。但以原使用之商品或服務為限；商標權人並得要求其附加適當之區別標示。附有註冊商標之商品，由商標權人或經其同意之人於國內外市場上交易流通，商標權人不得就該商品主張商標權。但為防止商品流通於市場後，發生變質、受損，或有其他正當事由者，不在此限。

## ※ 說明

一、第1項各款酌作修正如下：

（一）第1款修正：1.原條文第一款規定之「善意且合理使用之方法」，係指依一般商業交易習慣之普通使用方法，且非作為商標使用者，包括知悉他人商標權存在之合理使用，惟實務上有認為此「善意」係指民法上「不知情」，因而產生爭議，為釐清適用範圍，因此參考2009年2月26日歐洲共同體商標條例第12條規定，修正為「符合商業交易習慣之誠實信用方法」。2.有關商標合理使用，包括描述性合理使用及指示性合理使用兩種。所謂描述性合理使用，指第三人以他人商標來描述自己商品或服務之名稱、形狀、品質、性質、特性、產地等，此種方式之使用，並非利用他人商標指示商品或服務來源之功能，純粹作為第三人商品或服務本身之說明，商標權人取得之權利，係排除第三人將其商標作為第三人指示自己商品或服務來源之使用，第三人所為之使用既非用以指示來源，即非屬商標權效力拘束範圍。又所謂指示性合理使用，係指第三人以他人之商標指示該他人（即商標權人）或該他人之商品或服務；此種方式之使用，係利用他人商標指示該他人商品或服務來源之功能，用以表示自己商品或服務之品質、性質、特性、用途等，類此使用情形多出現於比較性廣告、維修服務，或用以表示自己零組件產品與商標權人之產品相容；凡此二者皆非作為自己商標使用，均不受商標權效力所拘束，且為我國實務上所肯認，因此參考德國商標法第23條規定，增訂指示性合理使用，尚包括表示商品或服務之「用途」，並酌作文字修正，以期周延。

（二）第2款修正。因功能性問題並不限於商品或其包裝容器之立體形狀，顏色及聲音亦有功能性問題，原條文有關功能性之合

理使用規定，未及於聲音及顏色，範圍過於狹隘，為期法律適用較為周延，因此刪除「商品或包裝之立體形狀」等文字，並酌作文字修正。

二、第2項酌作修正如下：

（一）本項為商標權國際耗盡理論之揭示。原條文中之「市場」，包括未明示之「國外市場」，為明定本法係採國際耗盡原則，因此增列「國內外」等文字。

（二）按有關機關既得依法拍賣或處置註冊商標之商品，商標權人自不得就該商品主張商標權，應不待言，因此刪除「或經有關機關依法拍賣或處置者」等文字。

（三）本項但書規定之情形，應限於商品流通於市場後，發生變質、受損等之情形，商標權人始得就該商品主張商標權，為明確起見，因此參考2009年2月26日歐洲共同體商標條例第13條第2項及英國商標法第12條第2項規定，增訂「商品流通於市場後」之文字。

## ※ 案例事件

### 「台客」註冊商標 智財局被批失職

民進黨某立委率學界與文化界人士召開記者會指出，原定在花蓮舉行的「台客搖滾音樂會」，遭中子創新公司指控侵犯商標權，被迫改名「東岸搖滾之夜」，經濟部智財局失職未嚴格把關，讓公共財成了業者營利的私有財。智財局表示，商標主要目的是方便消費者指認商品的標誌，並未要求獨創文字才能做為商標，業者申請「台客」為商標無不妥，就像蘋果可作為蘋果電腦的商標。若

產生混淆誤認，可依商標法第30條有關善意合理使用規範，或由檢舉方提證據證明「台客」為商標不宜，交法院就具體個案仲裁。
【2007-08-08/聯合報/A10版/生活】

## ※ 司法暨行政實務見解

### 智慧財產法院98年度刑智上易字第40號刑事判決

商標法第30條第1項第3款修正前之條文，於行政院函送立法院之修正草案中，其但書用語係「以原使用商品及原產銷規模為限。」惟在立法院二讀時，刪除「原產銷規模」用語，可知上開法條所謂「以原使用之商品或服務為限」一語，並無產銷規模之限制。本法條修法過程中既刪除「以原產銷規模為限」之用語，其用意既不欲限制原產銷規模，則修正後法條所載之「但以原使用之商品或服務為限」用語，即應解為無地理區域及業務規模之限制，立法者於刪除「以原產銷規模為限」之限制時，自應已預見上開不同方式之產銷規模型態，若謂僅限於原址擴店，或僅限於原地理區域內開設分店，顯然係擅自增加法條文義所未明文之限制，自屬於法無據之解釋；本條規定既未就地理區域及營業規模明文限制，依「罪刑法定」原則，自不宜擴張解釋而過度限制善意先使用者之權利，並擴張刑法之適用。

### 臺灣高等法院97年度上易字第805號刑事判決

本件金田公司於83年10月1 日授權被告二人使用「婦品」商標，雖未經向當時之商標主管機關為授權登記，惟依商標法第26條第1 項規定，登記僅是對抗第三人之要件，並非授權生效之要件，

尚不影響金田公司83年10月1日授權被告使用之效力，亦不影響被告二人於金田公司於91年間重新申請取得公告註冊第992609號「婦品」商標前，即善意先使用「婦品」商標之認定。…被告乙○○、甲○○係基於金田公司於83年10月1日授權，始使用「婦品」商標，並於金田公司91年間重新申請取得公告註冊第992609號「婦品」商標前，即善意先使用「婦品」商標於同一商品，及至福利公司受讓「婦品」商標後，均持續使用中，主觀上並無仿冒「婦品」商標之故意，自不得論以商標法第81條第1款及同法第82條之罪。

### 台灣高等法院96年度上易第597號刑事判決

被告與自訴人間就前揭商標使用之紛爭，既經台灣士林地方法院檢察署、台灣高等法院檢察署認定被告所為並未涉有修正前商標法第62條之罪嫌在案，被告對於可使用「紅樓」2字作為店招，當已產生相當之確信。此後縱經智慧財產局於93年7月21日認定被告所申請之註冊服務標章與自訴人所登記註冊者近似而不予登記，亦不過確認其不得以此取得商標專用權之保障，並未產生排斥被告繼續使用「紅樓」2字為店招之效力。則被告沿用其先前在自訴人取得商標專用權之前業已使用之「淡水○○紅樓RED CASTLE 1899」，當非意圖影射自訴人商標之信譽，亦無影響公平競爭，乃基於相當真誠之信賴檢察官之不起訴處分而善意合理使用其先前該「紅樓」餐廳自89年2月3日營業以來所累積之知名度，應堪肯認。且本院復認商標法所認之善意合理使用中之「善意」，並非一般民法上所稱「不知情」，而係指以相當真誠之信賴感，被告當取名紅樓餐飲店在有歷史典故之上開地址之建築物營業時，即信賴此建築物賣餐飲會引來順道觀覽該建築之人潮，而人潮即錢潮，故縱使

「淡水○○紅樓RED CASTLE 1899」經智慧財產局撤銷之後，其當亦本諸一開始營業時之初衷繼續使用包涵紅樓字眼之服務標章（商標）營業，主觀上當無意圖影射自訴人信譽之商標亦堪認定。

## 台灣高等法院95年度上易字第1805號刑事判決

本件扣案…之商品或外包裝，其上雖均有印尼ADR集團公司註冊之「SAKURA」商標圖樣，或於告訴人如附表一之商標圖樣前有「INTERCHANGEABLE WITH」或「USE FOR」字樣，而表示可使用於告訴人公司之車款，然整體觀察，其商品上「SAKURA」商標圖樣較小，反係該他人商標字體較粗較明顯，或「INTERCHANGEABLE WITH」及「USEFOR」＋他人商標圖樣，占據中間，且告訴人商標圖樣並係以比本商標更大、更明顯之字體顯現，讓人一望即見他人商標圖樣，而有使人混淆誤認為他人商標商品或其來源，揆諸前揭說明，要難謂為合理使用。況如被告所陳，其販售對象為中、小盤材料商或修理業者，均屬專業人士，對該等汽車零件均相當熟稔，若僅為商品使用說明，更毋須將他人商標圖樣放大必要，又縱其所銷售相對人即中、小盤專業商家，以其專業及販入價格知非非原廠商品，不致混淆，然該商品對其餘向零售或修理業者購買該商標產品之廣大消費者，仍因被告之販賣行為而產生被欺騙之感覺，仍屬意圖欺騙他人，及消費者仍有混淆誤認該商品之來源及其表彰該商標之信譽，是被告辯稱其為合理使用，及一般消費者不致誤認受騙云云，即無足採。……至於部分商品上均僅標明「INTERCHANGEABLE WITH MAZDA」或「INTERCHANGEABL EWITHTOYOTA」字樣，且該等字樣均係以較小字樣表示，反倒印尼ADR集團公司註冊之「SAKURA」商標圖

樣，較為粗大明顯，其外包裝亦無該二公司商標字樣，整體觀察，要無使人認係商標使用，而有混同誤認之虞，同上說明，此部分應屬合理使用他人商標。

### 臺灣臺北地方法院95年度智字第69號民事判決

被告雖將原告商標使用於招牌、看板、櫃檯等，然其或於「BURBERRY」下加註稍小字體之「TOKYO JAPAN」、「TOKYO」、「日系」等字，或於「BURBERRY」字體右方以稍小字體加註「日本東京海渡」等字，且於櫃位或招牌之「BURBERRY」字體旁又有「COACH」或「Chloe」（見附圖1）、「Chloe、DARKS」、「dunhill、COACH、DARKS」等其他名品之名稱與之並列，甚且於旗幟上係記載「東京海渡BURBERRY系列商品」，顯然係使用原告商標說明被告有販賣「BURBERRY」之商品而已，並無作為商標使用之意，核與商標法第30條第1項之「描述性使用」相符。

### 台灣高等法院94年度上易字第640號刑事判決

被告所稱其使用之商標，係繼受取得73年9月1日系爭雜誌之名稱權及發行權，然該雜誌係卓越文化公司所發行，有卓越雜誌73年9月1日創刊號封面內頁在卷可據，嗣卓越文化公司再執系爭商標註冊登記，是不問卓越雜誌之名稱或商標均屬卓越文化公司所有，被告既繼受自卓越文化公司發行之卓越雜誌，即繼受使用卓越文化公司自己之商標或名稱，核與上開所指善意合理使用「他人」商標不符，是被告辯稱其係善意合理使用他人商標云云，殊不足採。

## (97)智商0390字第09780071160號函

　　二、按商標法第30條第1項第3款規定，在他人商標註冊申請日前，善意使用相同或近似之商標於同一或類似之商品或服務者，不受他人商標專用權之效力所拘束。但以原使用之商品或服務為限；商標權人並得要求其附加適當之區別標示。核其立法意旨係參酌使用主義之精神，於保護商標權之同時，亦兼顧善意先使用者權益之衡平原則，避免在他人申請商標註冊前已善意先使用者，受到他人商標權之效力所拘束。因此，其適用應以在他人商標註冊申請日前，自己已有善意先使用之事實為前提要件。

　　三、所稱善意先使用係事實行為，並非由法律規範以一定權利義務為內容，故該條項未創設任何法律關係，僅於被告因侵權涉訟，被追訴侵權責任時，始得引據為免責之抗辯事由，尚非創設法無明文之權利，善意先使用人應以原先使用商品或服務為限，並無取得任意授權或擴大其使用範圍之權利，否則即與經合法註冊所取得排除他人使用之商標權益相衝突。本件所稱先使用人若為製造商，就只存在於自身之「善意先使用」，應無法藉由所謂「授權」關係，而使其他使用人據以援用該「抗辯事由」，惟進口商或僅係單純之販賣業者本身，在個案上若係涉及商標法第82條規定之適用；是否「明知」為第81條商品而販賣、意圖販賣而陳列、輸出或輸入者，係處罰其販賣或輸出、輸入侵權物品之行為，並不再涉及行為人是否有商標法第81條使用商標之事實判斷。亦即，若行為人所經銷、販賣之商品非第81條之罪所製造、販賣、陳列、輸出或輸入之商品，立法原意應無使進、出口商或僅係單純販賣業者之商業行為，承受較高於製造或使用商標行為之處罰。

　　四、在不違背商標法之立法本旨範圍內，商標權人為銷售商品

之目的，於產銷其附有商標圖樣之商品時，除其指定之代理商、經銷商外，亦已概括同意一般進出口商、批發商、零售商等其他中間商，在不致使消費者發生混同，誤認為該商品之製造商、出品人，或其指定之代理商、經銷商之前提下銷售商品，故在市場上所販賣商品之商標權利已在第一次銷售時耗盡，該等進出口商、批發商、零售商等其他中間商，除非有構成商標法第82條規定之情事，應無所稱侵害商標權情形之適用。本件所稱善意先使用人之經銷商「使用商標」之情形並不清楚，若係指其所經銷販售之商品，係為「善意先使用」人所產製之商品，則其是否仍有商標法第82條規定之刑責，乃繫於個案中該經銷商之主觀意圖是否「明知」其為犯第81條之罪之商品，而此需藉由表現於外之客觀情事加以認定，仍應就實際個案之具體事證，由司法機關依職權審判以為斷，似無所稱得否援用第30條第1項第3款「善意先使用事實」之問題。

### （96）智商字第096000089170號

二、我國商標法第30條第2項規定，附有註冊商標之商品，由商標權人或經其同意之人於市場上交易流通，或經有關機關依法拍賣或處置者，商標權人不得就該商品主張商標權。但為防止商品變質受損或有其他正當事由者，不在此限。換言之，若附有註冊商標的商品，係經商標權人或其被授權人在國外市場交易流通，第三人縱未得其同意逕自進口相關商品於國內銷售，若無但書規定之情形，商標權人對該商品不可以主張商標權。

三、所謂商標「真品平行輸入」，是指第三人將在國外經商標權人或其同意之人合法於市場交易流通之商品輸入我國，而與國內商標權人商品相競爭之情形。由於該等輸入商品並非仿冒品，其品

質與國內商標權人之商品品質相若，在無引起消費者混淆誤認之虞的前提下，對我國商標權人之營業信譽及消費者之利益並無影響，不構成對商標權之侵害（最高法院81年台上字第2444號判決參照）。然而，並非所有平行輸入之商品都可以免除商標侵權責任，免責的前提必須平行輸入業者不能對商品為任何加工、改造或變更，直接以原裝銷售，若行為人（進口、經銷商）不是以原裝銷售，反而擅自予以加工、改造或變更，卻仍標示同一商標，或附加於廣告等同類文書加以陳列或散布，只要足以引起消費者發生混淆、誤認，都有侵害他人商標權而應依商標法規定負民刑事責任之可能（最高法院82年台上字第5380號判決參照）。

　　四、商標最主要的功能在於識別商品或服務的來源，業者可以透過商標來表彰自己的商品或服務，以便跟他人的商品或服務進行區隔。從消費者的角度，則可藉由商標來定位自己的消費喜好，以節省消費搜尋之成本。來函所述，真品平行輸入業者營運成本較一般代理業者為低，卻可享用代理業者就其代理品牌進行宣傳活動之外溢效果，使經營環境日趨艱困等情形，就國內代理業者而言，建議可視具體情形採取下列因應措施：

　　（一）如其所代理品牌商標於國內尚未註冊，宜與國外品牌業者研商在國內申請註冊，並爭取其同意由國內代理業者登記為商標權人。但此種情形並不常見，通常應具相當隸屬關係之企業，始可能由國內代理商取得商標權。

　　（二）若國外品牌業者已在國內註冊，宜與該國外品牌之註冊商標權人簽立商標授權契約，並依商標法第33條規定向商標專責機關辦理商標授權登記，除可在商品外觀包裝加以區隔外，並得依同法第69條規定，可獨自對侵害行為人主張民事侵權責任（商標侵權

刑事處罰規定並非告訴乃論罪責，如非商標權人或犯罪直接被害人，可依法提出告發）。

（三）若其所代理品牌商標已於國內完成註冊，國內代理業者可以運用創意與巧思，參酌該國外品牌外文字樣之字義、讀音或其他特性，設計出最能引起消費者注意之中文字樣申請註冊，再於廣告行銷其代理品牌之際，提醒消費者認明選購標示有該中文字樣之品牌商品，並強調其代理商品與其他商品不同之處（如產品保固、維修、售後服務或其他附加價值等），進行宣傳活動，以便跟他人平行輸入的商品或服務進行市場區隔，並時時留意平行輸入業者之使用情形（包括是否使用代理業者註冊之商標、保持原裝銷售，或有無擅自予以加工、改造或變更而引起消費者混淆誤認等情形），以維護國內代理業者之合法權益。

### （86）台商字第219457號

一、按我國商標法係採先申請註冊主義，商標自註冊之日起，始由註冊人取得商標權。從而未經註冊之商標就無專用權可言，原無拘束他人使用之效力。又商標法第23條第2項規定旨在參酌使用主義之精神，避免在他人申請商標註冊前已善意先使用者，受到他人商標權之效力所拘束；其所稱「在他人申請商標註冊前」，係指「申請日」之前，惟法院判決亦有認為係指「註冊日」之前者，本局意見僅供參考，尚難拘束司法機關之認定。至「善意」與否之判斷，若係屬「同一區域」、「同一市場」，而依客觀事實觀察難謂諉為不知者，固不無「惡意」之嫌，惟其認定應由司法機關就具體事證，予以卓處，尚非本局職權認定之範疇。

二、又前揭法條但書所稱「以原使用之商品為限」，係指善意

先使用人僅能就原使用之商品繼續使用，不得再擴及其他類似商品。而商標權人視實際交易需要，得要求善意先使用人附加適當之區別標示，此為法律賦予商標權人之權利。善意先使用人應如何為適當標示，應以該標示是否確能發揮區別功能為斷。

三、申請人在申請商標註冊之前，縱大多已在使用該商標，然實際交易市場可能早已存在其他善意使用相近似商標之廠商，且商標權本應依法註冊取得，廠商應提早申請註冊，以確保創用商標之權益，尚難就未經註冊之商標拘束他人之善意使用

### （85）台商字第211532號

一、商標法第23條第2項規定，多係於侵害商標權爭議案中，引以為免責之抗辯，由於其係民國82年12月24日修正生效之商標法中所增訂能否適用於修法前之情事，而主張免責，涉及刑法第2條規定之適用問題，應以司法機關認定為準。

二、商標法第23條第2項規定免責之要件，以在他人申請註冊前善意先使用為必要，而若符合該要件必然無仿冒他人註冊商標之故意，換言之，亦不構成刑法之罪責，因刑法上罪責之成立係以故意為要件。是以，縱使在修法前商標法無前揭第23條第2項規定，若確係善意先使用，無仿冒故意，理論上亦不構成刑責

### （82）台商字第219646號

一、商標註冊制度之目的，參諸商標法第1條規定，係在「保障商標權及消費者利益，以促進工商企業之正常發展。」為達此一目的，法律乃賦予註冊人專用排他之權限，即他人不得再以相同或近似之商標，使用於同一商品或同類商品。惟若他人使用一圖形或

文字，係在表彰商品之相關說明，為工商企業之一般習慣使用方式，而消費者亦不視其為區辨商品來源之商標者，則因其非作為商標使用，既不與註冊商標權發生衝突，又不致造成消費者之混淆誤認，且為工商企業正常運作之所需，自不應受商標專用之拘束，故有商標法第23條之規定，此在各國商標法之立法例上皆有類似之規定。

　　二、至於商標法第23條所稱之普通使用方法，係指商業上通常使用方法，在主觀上無作為商標使用之意圖，客觀上一般商品購買人亦人認為其為商標之使用者而言。

### （73）台商字第201468號

　　我國商標法並未規定使用商標時應標示「○R」或其他表示已註冊之字樣，故不因未為該等標示，而影響其於商標法上為商標使用形態之認定

---

### ※ 延伸閱讀

　　呂靜怡，淺介商標法第30條不受商標權效力拘束之情形，萬國法律，2008年8月，第73-81頁

　　鄭光能，智慧財產權對立體物外觀之保護－立體商標與新式樣專利競合與衝突之研究，雲林科技大學科技法律研究所碩士論文，2008年

　　黃皓陽，商標法上營業包裝保護之研究－以美國及台灣法律保護及案例為中心，國立交通大學管理學院碩士在職專班科技法律組碩士，2008年

---

## 第 37 條 （商標權分割）【原第31條修正】

商標權人得就註冊商標指定使用之商品或服務，向商標專責機關申請分割商標權。

### ※ 說明

一、本條所謂之商標權分割係指商標獲准註冊後，商標權人得就註冊商標所指定使用之商品或服務，分割為二以上之商標權而言，故商標權分割並不包括註冊商標圖樣之分割。商標權分割制度，使商標權人可更有效地利用其商標，例如：商標權人得視實際需要將商標權分割後分別移轉、授權或設定質權；於註冊商標遭他人申請異議或評定，可分割商標權以保留其未受爭議之指定商品或服務之商標權。

二、原條文第2項移列修正條文第38條第3項。

### ※ 司法暨行政實務見解

#### (98)智商0390字第09780034870號函

商標法第31條第1項規定「商標權人得就註冊商標指定使用之商品或服務，向商標專責機關申請分割商標權」，依本條規定，分割商標權僅能就其所指定使用之商品或服務為之。因此，若註冊商標指定使用之服務僅有「語文補習班」，則其文義涵蓋應指係提供「日文、英文、法文、德文…」等外語或中文之補習服務，其與「珠算補習班」、「心算補習班」或「鋼琴補習班」，依一般社會

通念，各自表彰服務之實質內容並不相同，即無從分割其商標權為「珠算補習班」、「心算補習班」或「鋼琴補習班」。

---

### 第 38 條 （註冊後不得變更與例外）【原第32條修正】

商標圖樣及其指定使用之商品或服務，註冊後即不得變更。但指定使用商品或服務之減縮，不在此限。

商標註冊事項之變更或更正，準用第24條及第25條規定。

註冊商標涉有異議、評定或廢止案件時，申請分割商標權或減縮指定使用商品或服務者，應於處分前為之。

---

### ※ 說明

一、原條文第32條第1項刪除，理由如下：

（一）原條文第1項前段關於商標註冊程序事項變更之規定，與本法第24條之規定相當，基於法條節約之考量，可合併於本條第2項準用之，因此刪除本項前段之規定。

（二）按商標註冊事項之變更，與權利實質異動時相關權利人之法律關係無涉，因此刪除本項後段之規定。

二、第1項由原條文第32條第2項移列；另參酌原條文所稱之「商標」係與「指定使用之商品或服務」並列，實係指「商標圖樣」而言，因此增列「圖樣」二字，以資明確。

三、第2項由原條文第32條第3項移列。因商標註冊事項之變更

或更正，性質上與註冊申請事項之變更相同，基於法條節約之考量，因此準用之。至於原條文第32條第3項所引準用條次，配合原條文第20條第3項之刪除，及原條文第31條第2項之規定，因原準用之條次已作修正，並移列於第38條第3項，因此予刪除。

四、第3項由原條文第31條第2項移列。註冊商標涉有爭議案件時，明定申請分割商標權或減縮指定使用商品或服務之時點，應於處分前為之，理由如下：

（一）商標所指定使用之商品或服務，若僅有部分具有違法事由，例如部分指定商品或服務未使用或繼續停止使用滿3年者，得申請分割以除去違法之情形，故廢止案件亦有適用，因此予增列。

（二）申請分割之商標，如涉有異議、評定或廢止案件，經交叉答辯，已有足夠時間讓商標權人斟酌考量有無必要申請分割商標權，復為衡平當事人權益，並使後續爭議之事實狀態及早確定，自應就涉有異議、評定或廢止案件而請求分割之時點予以限制。又關於註冊商標涉有爭議案件時，商標權人欲透過減縮商品或服務之方式，除去註冊違法情形者，若於處分後行政救濟程序階段始請求時，行政救濟機關無法進行審理，且基於程序經濟考量，亦應於處分前為之，因此明定該等行為皆應於異議、評定或廢止案件處分前為之。

## ※ 司法暨行政實務見解

### 前經濟部中央標準局（50）經台商字第06187號函

一、查商標註冊之行為依商標法第1條：「‧‧‧‧‧欲專用商標權者，應依本法申請註冊」之規定之文義觀之，係屬任意行

為，而非強制行為，申言之，倘使用標記而不欲享有專用權者，仍可不為商標之註冊，惟商標既經註冊後，即受商標法之保障，享有專用權，就其文字圖形而言，自應確定而不得任意隨時更動，觀歷來商標法有「自行變換或附加圖記者」均得「撤銷」之規定，可見其求固定不容變更之目的，該局原呈以舊商標法施行細則第11條有「凡呈准註冊之商標，其圖樣及所指定之商品，不得變更」，「審定商標適用前項之規定」修正時已被刪除，於受理此類變更文字圖形之申請時，無所根據等，按商標法施行細則為程序法為子法，而商標法為實體法為母法，修正前商標法第13條第2項（修正後改列為第11條第2項）規定有「商標權以呈准註冊之圖樣及所指定之商品為限」，就上述立法原則及本條立法文義言，自可認定商標註冊後申請增減或變更文字圖形，除得視為另一新商標申請外，縱修正前之施行細則無第11條：「凡呈准註冊之商標，其圖樣及所指定之商品，不得變更」「審定商標適用前項之規定」之規定，亦應不予准許，商標施行細則修正時，以修正前第11條之規定，似涉蛇足，故將其刪除，惟其刪除與商標法之意旨並無窒礙。

　　二、該局原呈所擬就現有申請更換商標或審定商標之文字或圖形各案，援引商標法第11條第2項前段「商標權以呈准註冊之圖樣及所指定之商品為限」予以核駁乙節，經核此為法理及立法原意之所當然，並無不合，可予照准。

## 第 39 條　（專屬或非專屬授權）【原第33條修正】

商標權人得就其註冊商標指定使用商品或服務之全部或一部指定地區為專屬或非專屬授權。

前項授權，非經商標專責機關登記者，不得對抗第三人。

授權登記後，商標權移轉者，其授權契約對受讓人仍繼續存在。

非專屬授權登記後，商標權人再為專屬授權登記者，在先之非專屬授權登記不受影響。

專屬被授權人在被授權範圍內，排除商標權人及第三人使用註冊商標。

商標權受侵害時，於專屬授權範圍內，專屬被授權人得以自己名義行使權利。但契約另有約定者，從其約定。

## ※ 說明

一、第1項酌作修正。參考商標法新加坡條約（STLT）施行細則第1條明定授權內容，並因應實務授權契約之模式，將授權區分為專屬與非專屬授權。

二、第2項酌作修正。原條文第2項前段規定酌作文字修正；原條文第2項後段規定，移列修正條文第40條。

三、增訂第4項。為避免經登記之非專屬授權因嗣後商標權人復將其商標專屬授權他人，所產生商標使用權利衝突之疑義，因此參考德國商標法第30條第5項以及日本商標法第31條第4項，增訂商標非專屬授權登記後，商標權人再為專屬授權者，在先之非專屬授

權登記不受影響之規定，以資明確。

　　四、增訂第5項。參考商標法新加坡條約（STLT）施行細則第一條之規定，增訂專屬授權之定義規定。於此定義下，商標權人於專屬授權範圍內，如需使用其註冊商標，則應另行取得專屬被授權人之同意。

　　五、原條文第4項刪除。本項所為授權標示之規定，屬於商標權管理事項，為商標權人與被授權人依契約自由約定之事項，又參酌歐、日法制，均未強制作授權標示之規定，因此予刪除。

　　六、增訂第6項，理由如下：

　　（一）於商標權受侵害之際，在專屬授權範圍內，專屬被授權人自得以自己名義行使民事及刑事商標權受侵害救濟之權利。

　　（二）商標即便因專屬授權而由專屬被授權人於授權範圍內單獨使用，惟商標所累積之信譽，於專屬授權終止後，最後仍回歸商標權人。且專屬授權契約若以一定期間內授權商品銷售金額之比例，作為權利金數額之計算方式，則專屬授權範圍內之商標侵害行為，對商標權人之權益亦有影響，況商標專屬授權僅係商標權人在授權範圍內，為被授權人設定專有排他之使用權利，商標權人並不喪失商標使用權利以外之權能，如商標權之移轉、設定質權等，專屬授權後之商標侵害行為，若損及商標權人此部分之權利，亦有排除侵害之需要，因此於但書明定得由當事人約定商標權受侵害時行使時權利之主體或訴訟擔當，以資明確。


## ※ 司法暨行政實務見解


（93）智商0941字第09380138390號函

按「商標權之移轉，應向商標專責機關登記；未經登記者，不得對抗第三人。」為商標法第35條所明定。即商標權移轉不以登記為生效要件，當事人間之讓與契約，於意思表示合致時即生效，至於對第三人之效力，則非經登記不得對抗，按此之登記，係以商標專責機關准予移轉登記，並登載於商標註冊簿之日為準

---

### 第 40 條 （再授權）【原第33條第2項修正】

專屬被授權人得於被授權範圍內，再授權他人使用。但契約另有約定者，從其約定。

非專屬被授權人非經商標權人或專屬被授權人同意，不得再授權他人使用。

再授權，非經商標專責機關登記者，不得對抗第三人。

---

### ※ 說明

一、第1項規定專屬被授權人於被授權範圍內，具有專屬使用註冊商標之權能，於授權範圍內，自得再授權他人使用，惟考量授權契約之訂定多係當事人在信任基礎下本於個案情況磋商訂定，如有特別約定限制專屬被授權人為再授權時，應優先適用特別約定之規定。

二、第2項規定非專屬被授權人之再授權。有關被授權人得否再授權他人使用，配合修正後專屬授權之規定，明定非專屬被授權人須經商標權人或專屬被授權人同意，始得再授權他人使用。

三、增訂第3項。按再授權與前條第一項所定之專屬或非專屬授權同屬授權行為之性質，其經商標專責機關登記者，有登記對抗規定之適用，因此參照修正條文第39條第2項規定增訂之。

## 第 41 條 （申請廢止授權登記）【原第34條修正】

商標授權期間屆滿前有下列情形之一，當事人或利害關係人得檢附相關證據，申請廢止商標授權登記：

一、商標權人及被授權人雙方同意終止者。其經再授權者，亦同。

二、授權契約明定，商標權人或被授權人得任意終止授權關係，經當事人聲明終止者。

三、商標權人以被授權人違反授權契約約定，通知被授權人解除或終止授權契約，而被授權人無異議者。

四、其他相關事證足以證明授權關係已不存在者。

### ※ 說明

一、原條文第1項配合原條文第33條第4項關於授權標示規定之刪除，因此予刪除。

二、原條文第2項配合原條文第1項之刪除，移列為本條文，並增訂第4款。申請廢止商標授權登記之事由，尚包括有其他相關事證足以證明授權關係已不存在之情形，例如當事人或利害關係人持法院相關確定判決，證明授權關係已不存在等，為因應實務上需要，因此予增訂，以期周延。

## 第 42 條　（登記對抗主義）【原第35條修正】

　　商標權之移轉，非經商標專責機關登記者，不得對抗第三人。

### ※ 說明

　　一、商標權為一種財產權，依法得為繼承與自由讓與之標的。商標權移轉係指商標權人將其商標權移轉予受讓人，受讓人依受讓時之權利狀態，取得商標權之使用、收益、處分等權利。

　　二、有關商標權是否可移轉為數人共有，有二說，甲說：依民法規定，一般權利可移轉為數人共有，商標權之性質非不得共有，美國及大陸商標法都允許商標權由數人共有，我國商標法復無明文禁止將權利移轉為多數人共有之限制規定，商標權自得移轉為數人共有；乙說：依商標法註冊所取得者為專用、排他之權利，解釋上其使用必需以共同之同一來源加以標示，始符合商標法規範意旨。目前審查實務，為避免與商標法規範意旨相牴觸，固接受合夥人以公司共有之方式申請註冊或受讓商標權，惟其使用僅得以表彰同一來源之「合夥」組織型態加以標示，或以併列具公司關係之共有人方式為之，尚難以民法上籠統之「共有」概念涵蓋之。

　　三、商標權和其他所有權一樣，可以移轉予他人所有，惟移轉商標權，必需向商標專責機關申請登記，未經登記，不得對抗第三人。移轉登記係「對抗要件」，並非「生效要件」，未辦理商標權之移轉登記，雖不生對抗第三人之效力，但並不影響讓與人與受讓人間所訂定之移轉契約之效力。

　　四、為符合智慧財產權法規之一致性，因此參考專利法及著作

權法相關用語，故本次修法酌作文字修正。

## ※ 司法暨行政實務見解

### 88年度判字第347號判決

商標權之移轉，應向商標主管機關申請登記，未經登記者，不得對抗第三人，為商標法第28條第1項所明定。本件關係人於民國85年2月2日以系爭商標變換加附記使用為由，申請撤銷系爭商標權時，系爭商標尚未移轉登記，因此，系爭商標在移轉登記前，尚不得以移轉之事由對抗第三人（包括關係人）。按關係人於申請撤銷時，系爭商標權應予撤銷之事由既經發生，自不因其嗣後移轉登記於原告而可主張免予撤銷，所訴核不足採

### (94)智商0350字第09480293410號函

二、按所謂「信託」，係指委託人將財產權移轉或為其他處分，使受託人依信託本旨，為受益人之利益或為特定之目的，管理或處分信託財產之關係，信託法第1條、第 9條第1、2項關於「信託」及「信託財產」之意義訂有明文。準此，信託關係應以一定之財產權為限。而所謂財產權，指非身分權且得以金錢計值之權利者。具體而言，包括動產的現金、股票、債券等，與不動產的土地、建築物，以及漁業權、採礦權、專利權、商標權、著作權等有形、無形財產權，皆得為信託之標的。又現行商標法並無有關商標權信託之相關規定，亦未明文規定商標權不得為信託之標的。是以，信託之標的如為商標權，有關信託關係之規範，自應適用信託

法、信託業法等相關法規。

三、商標法第35條規定，「商標權之移轉，應向商標專責機關登記；未經登記不得對抗第三人。」本件依來函所詢，信託之標的如為商標權，而商標權人依信託契約將商標權移轉予受託人，依其本質及適用於商標法之規範，性質上即屬商標權之移轉。依前揭法條之規定，應向本局申請商標權移轉登記，始得以之對抗第三人。

### （93）智商0941字第09380138390號函

按「商標權之移轉，應向商標專責機關登記；未經登記者，不得對抗第三人。」為商標法第35條所明定。即商標權移轉不以登記為生效要件，當事人間之讓與契約，於意思表示合致時即生效，至於對第三人之效力，則非經登記不得對抗，按此之登記，係以商標專責機關准予移轉登記，並登載於商標註冊簿之日為準

### （88）智商980字第215308號函

一、按商標法第2條規定，凡因表彰自己營業之商品，確具使用意思，欲專用商標者，應依本法申請註冊，又同法第21條第1項規定，商標自註冊之日起，由註冊人取得商標權。從而依商標法註冊所取得之權利，係指註冊人以請准註冊之商標於所指定之商品取得專用之權利而言。為保障消費者利益，避免其對使用相同或近似商標之商品來源產生混淆誤認之虞，依同法第22條規定，限同一人得以同一或近似商標圖樣申請註冊為聯合商標及防護商標，除非經商標權人同意授權使用外，商標法原則上並不允許不同人以相同或近似之商標圖樣指定使用於同一或類似之商品。

二、商標權以使用為存續保護要件，此觀商標法第31條第1項

第2款之規定自明，商標權取得後，必需透過持續使用以累積商標信譽，始能提高商標財產權之保護價值。依民法規定，一般權利固可移轉為數人共有，惟為避免與商標法規範所取得專用權利之性質相牴觸，目前本局審查實務，固接受合夥人以公同共有之方式為申請註冊人或受讓商標權，惟其使用僅得以表彰同一來源之「合夥」組織型態加以標示（或併列具公同關係之共有人方式），尚難以民法上籠統之「共有」概念涵蓋之。商標法固無明文禁止將其權利移轉為多數人共有之限制規定，惟依商標法註冊所取得者既為專用之權利，解釋上其使用必需以共同之同一來源加以標示，始能符合商標法相關法規範意旨。

三、為因應我國加入世界貿易組織，並配合國際立法趨勢，我國商標法民國88年修正草案已參考國外相關立法例，在二商標併存無混淆誤認之虞之前提下，考慮採行商標權分割移轉制度，惟係就同一商標指定使用之數種商品予以分割移轉而享有不同之專用範圍，以符合市場實際需要，亦與同一商標權之「分別共有」概念不同

## （86）台商字第213890號

依商標法第28條規定「商標權之移轉，應向商標主管機關申請登記；未經登記者，不得對抗第三人。」是商標權之移轉登記，僅生得否對抗第三人之效力，至於在移轉雙方當事人間則於移轉之意思表示一致時，即生移轉效力，尚與是否申請登記無關。因此當事人間私下所寫之書件，如已顯示移轉意思表示一致者，即生移轉效力，該書件得作為移轉之證明文件，另本局申請移轉登記書所用收文印戳記載之日期，僅在表示收文日期，亦與移轉效無涉。

（84）台商字第217240號

按商標法第28條第1項規定：「商標權之移轉，應向商標主管機關申請登記，未登記者，不得對抗第三人。」，亦即向商標主管機關申請登記，僅係就移轉事實發生對抗第三人之效力。至於就移轉行為本身，商標法並未規定特別之生效要件，因此原則上當事人雙方移轉之意思表示合致，其移轉行為即生效。但如另有約定需依一定程式，或訂有期限或條件者，則俟程式具備，期限屆至或條件成就時，發生移轉效時起，受讓人即取得商標權，讓與人（原商標權人）則喪失其專用權。任何人未經現有商標權人授權而使用該商標，若符合商標法規定之違法要件，即可能構成民、刑事責任，其認定司法機關職權。

## 第 43 條　（區別標示）【原第36條】

移轉商標權之結果，有二以上之商標權人使用相同商標於類似之商品或服務，或使用近似商標於同一或類似之商品或服務，而有致相關消費者混淆誤認之虞者，各商標權人使用時應附加適當區別標示。

### ※ 說明

本條規定商標權移轉之結果有致混淆誤認之情形。為配合商標權可指定跨類商品或服務，並可分割商標權及自由移轉，致使商標權分別移轉之結果，有可能造成近似之商標分屬二人所有，而使相關購買人產生混淆誤認之虞，為避免此情形，因此明定商標權移轉

予二人以上之結果，有致相關購買人發生混淆誤認之虞者，應附加適當區別標示。至何謂適當區別標示，商標法並無規定，其目的在避免消費者對其所表彰之商品來源產生混淆誤認之虞，其方式應由當事人間協議，並依一般社會通念及市場交易情形，視該區別標示是否足資使消費者區辨該二商標商品來源以為斷。例如為不同之包裝或標示製造廠商及產地等，以使消費者能清楚分辨商品之產製來源，確保消費大眾之權益，並可間接維護各商標權人之商譽。

### ※ 司法暨行政實務見解

#### （84）台商字第200767號函

商標法第23條第2項所稱之「附加適當之區別標示」，係指附加足以為一般消費者藉以區辨商品來源而得以避免引起混淆誤認之虞之標示。例如為不同之包裝或標示製造廠商及產地等均可。

---

### 第 44 條 （質權設定）【原第37條修正】

商標權人設定質權及質權之變更、消滅，非經商標專責機關登記者，不得對抗第三人。

商標權人為擔保數債權就商標權設定數質權者，其次序依登記之先後定之。

質權人非經商標權人授權，不得使用該商標。

---

## ※ 說明

一、第1項酌作文字修正。

二、第3項酌作修正。商標質權之作用在於擔保，並非以使用商標為其權利內容，故無論是否於質權存續期間內，質權人使用商標皆應得商標權人同意，且質權之存續期間常視其所擔保債權清償之情形而定，除客觀上難以確定外，亦無強制登記質權存續期間之必要，因此予刪除「質權存續期間」之文字。

## ※ 司法暨行政實務見解

### 73年8月7日法律座談會

一、法律問題：商標權得否作為質權之標的物？

二、研討結論：我國於民國61年公布之商標法和民國72年修正公布之商標法第30條，均以明文禁止商標權，為質權之標的，其主要的理由，是商標權係無體財產權，並非很具體的權利，且商標附麗於商品之上，流動性廣，以之作為質權之標的，不甚相宜，但實際上，工商界往往有以商標權為質權的之事例；而考外國之立法例，亦無禁止之規定，如韓國商標法，即無禁止商標權為質權標的之規定，日本商標法第34條，更以明文規定商標權得為質權之標的，故我國現行商標法業此之禁止規定，應否放寬，似有商榷之餘地。

三、座談機關：司法院司法業務研究會第5期。

## 第 45 條 （商標權之拋棄）【原第38條】

　　商標權人得拋棄商標權。但有授權登記或質權登記者，應經被授權人或質權人同意。

　　前項拋棄，應以書面向商標專責機關為之。

## ※ 說明

　　一、本條係規定商標權拋棄之限制及應踐行之程序。所謂「商標權人拋棄商標權」乃依商標權人之單獨意思表示，使其商標權絕對歸於消滅之行為。權利之拋棄，原則上並非要式行為，一有拋棄之意思，即生拋棄之效力，惟商標權係財產權，有無拋棄在認定上易生疑義，故第2項明定拋棄商標權為要式行為，拋棄商標權者，應以書面向商標專責機關為之，若以口頭向商標專責機關表示或以書面向利害關係人表示，在法律上皆不發生拋棄商標權之效力。拋棄商標權者，於書面意思表示到達商標專責機關之時起，商標權消滅。

　　二、商標權已授權他人使用或為質權之設定，且權利尚在存續中者，商標權人若不經被授權人或質權人之同意，而得任意拋棄商標權，則將影響被授權人或質權人之權益。因此，第1項但書明定商標權人拋棄商標權時，應經被授權人或質權人之同意。另商品減縮亦屬權利之部分拋棄，亦有第1項但書規定之適用，亦即，商標權人申請減縮商品，應經被授權人或質權人之同意。

## 第 46 條　（共有商標之授權、移轉等事項）【新增】

　　共有商標權之授權、再授權、移轉、拋棄、設定質權或應有部分之移轉或設定質權，應經全體共有人之同意。但因繼承、強制執行、法院判決或依其他法律規定移轉者，不在此限。

　　共有商標權人應有部分之拋棄，準用第28條第2項但書及第3項規定。

　　共有商標權人死亡而無繼承人或消滅後無承受人者，其應有部分之分配，準用第28條第4項規定。

　　共有商標權指定使用商品或服務之減縮或分割，準用第28條第5項規定。

### ※ 說明

　　一、第1項有關共有商標權之授權、再授權、移轉、拋棄、設定質權或應有部分之移轉或設定質權，影響共有人之權益甚鉅，故應得全體共有人之同意。又共有商標權之共有關係可有分別共有及公同共有二種，依民法第831條規定，共有商標權應準用民法分別共有或公同共有之規定。惟商標權為分別共有之情形，如果允許共有商標權人未經其他共有人全體同意而自由處分其應有部分，將嚴重影響共有商標指示來源與品質之能力，故第一項規定，共有人未得其他共有人之同意，不得以其應有部分讓與他人或設定質權，以排除民法第819條第1項規定之適用。至於商標權如為數人公同共有時，其權利之行使，仍適用民法第828條第3項規定，原則上亦應經全體共有人同意，自不待言。惟因繼承、強制執行或依其他法律規

定移轉者,則無須全體共有人之同意,因此為但書規定。

二、第2項有關共有人拋棄商標權之應有部分,並不影響其餘共有人之權益,自不需得全體共有人之同意,該拋棄之應有部分,由其他共有人依其應有部分比例分配之。為避免重複規定,因此準用本法第28條第2項但書及第3項規定。

三、第3項明定共有商標權人死亡而無繼承人或法人消滅後無承受人之情形者,其商標權應有部分之歸屬,為避免重複規定,因此明定準用本法第28條第4項規定。

四、第4項有關共有商標權指定使用商品或服務之減縮或分割,影響共有商標權利之範圍,為保障共有人權益,故共有商標權指定使用商品或服務之減縮或分割仍應得全體共有人之同意,應予明定。惟為避免重複規定,因此準用本法第28條第5項規定。

---

## 第 47 條 (商標權當然消滅)【原第39條修正】

有下列情形之一,商標權當然消滅:

一、未依第34條規定延展註冊者,商標權自該商標權期間屆滿後消滅。

二、商標權人死亡而無繼承人者,商標權自商標權人死亡後消滅。

三、依第45條規定拋棄商標權者,自其書面表示到達商標專責機關之日消滅。

## ※ 說明

一、第1款及第2款之後段，係本法施行細則第33條之規定，商標權之消滅期日涉及權利消滅之確定日期，及影響第三人註冊之申請或使用，係屬涉及人民之權利義務事項，依中央法規標準法第5條第2款規定，應以法律定之，因此於本法予以明定。

二、增訂第3款。參照專利法第66條第4款，增訂拋棄商標權為商標權當然消滅之事由。

## 第 4 節　異議

商標註冊制度的建立，其主要的目的即在避免消費者的混淆誤認。要達到此一目的，相同或近似的商標必然只能由一人專用，他人非經授權則不得使用。因此，商標專責機關核准商標註冊之處分，一方面固然是授予申請人專用商標之權利，另一方面也是課以其他第三人，不得使用與之有致混淆誤認之虞之商標，此即行政法所謂第三人效力處分。由於對於第三人課以不作為之義務，因此必需要有公告，讓第三人有對處分表明不服之機會，此即商標異議及評定制度。

---

### 第 48 條（異議之提出）【原第40條修正】

商標之註冊違反第29條第1項、第30條第1項或第65條第3項規定之情形者，任何人得自商標註冊公告日後3個月

---

內，向商標專責機關提出異議。

前項異議，得就註冊商標指定使用之部分商品或服務為之。

異議應就每一註冊商標各別申請之。

## ※ 說明

第1項修正如下：

（一）第1項配合本次修正條次變更，及原條文第23條第1項分別列為本法第29條及第30條，因此予修正。

（二）關於異議3個月期間之計算，對異議人權益有所影響，並配合本法第16條之規定，酌作文字修正。

## ※ 司法暨行政實務見解

### （95）智商0350字第09580241530號函

二、依修正前商標法第41條第1項規定，「商標主管機關於申請註冊之商標，經審查後認為合法者，應以審定書送達申請人及其商標代理人，並公告於商標主管機關公報，自公告之日起滿3個月無人異議或異議不成立確定後，始予註冊。並以公告期滿次日為註冊日。」本件依來函所詢，於現行商標法施行前已核准審定，並經3個月公告期滿，應予註冊之商標，依前揭法條之規定，以公告期滿次日為其註冊日。亦即，自公告期滿次日起取得商標權。至於「註冊公告日期」，則是次月之同一日，刊登於本局商標公報之「公告日期」。

三、按現行商標法於92年11月28日施行，於商標法施行前業已公告3個月期滿並註冊，尚未及公告之商標，為因應新舊法之過渡時期，係由本局統一公告於本局 92年12月1日出版之商標公報，該「註冊公告日期」係指依修正前商標法取得註冊之「公告日期」，尚非現行商標法所稱「註冊公告日」，因此無須繳納註冊費，自亦無繳納第二期註冊費之問題。

經（87）訴字第87631894號

商標法第46條賦予任何人得對審定公告中之商標提出異議之權利。是以，本件系爭商標雖經原處分機關審定公告，惟任何人認有違反本法規定，自得於審定公告中檢具相關事證向原處分機關提起異議，乃公眾審查制度設立之目的，用以輔助商標主管機關之不足，商標主管機關於審查時自非不得採取與前申請程序不同之見解，尚非所訴有審查不一致之情形。

---

## 第 49 條 （異議提出之方式）【原第41條修正】

提出異議者，應以異議書載明事實及理由，並附副本。異議書如有提出附屬文件者，副本中應提出。

商標專責機關應將異議書送達商標權人限期答辯；商標權人提出答辯書者，商標專責機關應將答辯書送達異議人限期陳述意見。

依前項規定提出之答辯書或陳述意見書有遲滯程序之虞，或其事證已臻明確者，商標專責機關得不通知相對人

> 答辯或陳述意見，逕行審理。

### ※ 說明

一、原條文第2項刪除。關於商標之申請及其他程序不合程式而可補正之情形，應通知限期補正之意旨，已規定於本法第8條第1項，無重複規定之必要，因此予刪除。

二、第2項由原條文第3項移列，並酌作文字修正。商標權人提出答辯者，商標專責機關亦應將答辯書送達異議人，使異議人有對答辯理由陳述意見之機會，因此酌作修正。

三、增訂第3項。為讓爭議雙方當事人得以充分陳述意見，商標異議案件須進行交叉答辯，為促使爭訟早日確定，如當事人所提出答辯書或陳述意見書有遲滯程序之虞，而其事實已臻明確時，參照行政程序法第103條第5款規定，得不給予陳述意見機會之意旨，因此規定商標專責機關得不通知相對人答辯或陳述意見，逕行審理。

## 第 50 條 （違法判斷之時點）【新增】

> 異議商標之註冊有無違法事由，除第106條第1項及第3項規定外，依其註冊公告時之規定。

### ※ 說明

一、異議商標之註冊是否有不得註冊事由，應依註冊公告時之

規定，原條文第52條僅就評定商標加以規定，未盡周延，因此予明定，並於本法第62條明定評定時，準用本條規定。

二、本法第106條第1項及第3項以系爭商標註冊時及修正後之規定均為違法事由，始撤銷其註冊等規定，有除外規定之必要，併予說明。

## ※ 說明

一、異議商標之註冊是否有不得註冊事由，應依註冊公告時之規定，原條文第52條僅就評定商標加以規定，未盡周延，因此予明定，並於本法第62條明定評定時，準用本條規定。

二、本法第106條第1項及第3項以系爭商標註冊時及修正後之規定均為違法事由，始撤銷其註冊等規定，有除外規定之必要，併予說明。

---

### 第 51 條 （異議審查人員）【原第42條修正】

商標異議案件，應由未曾審查原案之審查人員審查之。

## ※ 說明

商標異議為公眾審查制度，以彌補商標專責機關資訊之不足，具輔助商標審查之功能，為避免原註冊案之審查人員分配到經其審查核准註冊之商標案件，減弱異議審查之效益，因此酌作文字修正。

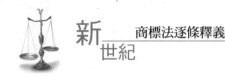

## 第 52 條 （異議程序商標移轉之處理）【原第44條】

異議程序進行中，被異議之商標權移轉者，異議程序不受影響。

前項商標權受讓人得聲明承受被異議人之地位，續行異議程序。

### ※ 說明

一、本條係規定異議程序進行中，商標權移轉者，其異議程序不受影響，並得由受讓人承受當事人地位續行異議程序。異議人依本法第48條之規定，對被異議商標提出異議者，若於異議程序進行中，原商標權人將被異議商標移轉予第三人（後手），因異議之對象為原准註冊之行政處分，則商標權人誰屬應非所問，異議程序不因商標權之移轉而受影響。異議人雖以前手為被異議人，並無礙於異議程序之進行。但商標權移轉之後，商標權之存滅最有直接影響關係者應為商標權之受讓人，本條第2項明定商標權受讓人得聲明承受被異議人之地位，續行異議程序，用以保障商標權受讓人的權益，使得異議程序之進行更具實益。

二、實務上，在異議程序進行中，被異議商標有移轉予第三人（後手）之情形時，商標專責機關亦會通知後手答辯或請其來函承受異議程序之進行，使雙方當事人能充分提出攻擊防禦，以求處分之客觀公正。

## 第 53 條 （異議之撤回）【原第45條修正】

異議人得於異議審定前，撤回其異議。

異議人撤回異議者，不得就同一事實，以同一證據及同一理由，再提異議或評定。

### ※ 說明

一、第1項為統一用語，酌作文字修正。

二、第2項為與本法第56條及第61條統一用語，酌作文字修正。

### ※ 司法暨行政實務見解

#### 最高行政法院76年度判字第2008號判例

按「經過異議確定後之註冊商標，對方不得就同一事實及證據，申請評定。」為商標法第51條所明定。所謂同一證據，係指具有同一性之證據而言。縱證據資料本身不同，而其內容實質上同一，例如甲刊物記載之內容與乙刊物記載之內容實質上相同者，仍屬同一證據，應有首揭法條之適用。蓋案件於確定後，基於法之安定性，不得再持以爭執，即所謂一事不再理之原則。而商標法第51條乃係對於商標事件異議之審定確定後，為防止持憑實質相同形式不同之證據，反覆請求評定，影響商標權之安定而設之規定，故認定證據是否同一，應審查其內容實質上是否相同，不得拘泥於其形式是否同一，原告主張所提出證據，僅需形式上不同，不問其內容是否相同，即可申請評定云云，自非可採，次查本件原告於原異議

事件確定後，申請評定，仍主張系爭商標圖樣有欺罔公眾或致公眾誤信之虞，有違商標法第37條第1項第6款之規定。是其對異議確定後之商標，申請評定，所主張之事實，與原異議程序中主張之事實完全相同。關於證據方面，原告申請評定，雖提出包裝盒實品1個、72衛字第51331、51332號函及省衛食廣字第720629、720630號廣告核定表影本各1份、三台電視廣告費計算通知單及發票共20張、廣告准播證明影本2份、底片2捲、民國72至73年間之報紙廣告11份、發票影本11張、進口數量明細表及部分進口單據影本共37張、利友包裝股份有限公司之確認函影本1紙及營業彙總表、營業稅單影本計37張等為憑。惟查所提出上開資料中，有關進口數量明細表、進口單據等營運資料，核與商標之使用無關；利友包裝股份有限公司之確認函確認原告曾於民國72年4月18日交予有關「利藥王」包裝材料之設計稿，其後通知國外聯○公司大量生產一節，僅能證明原告有使用「I ** MILK」標章之事實，尚難據以認定其使用標章於系爭商標申請註冊時已具相當之知名度，其餘各項證據，均於原異議程序及行政救濟中提出，其所欲證明之事項相同，僅數量多寡與形式不同而已，二者之內容實質上並無不同，依上說明，自屬於同一證據，其以同一事實，同一證據，對經過異議確定後之註冊商標，申請評定，依首揭法條之規定，自不應准許。

---

## 第 54 條 （異議成立之效力）【原第46條修正】

異議案件經異議成立者，應撤銷其註冊。

---

## ※ 說明

商標異議案件，經審查人員審核後，若認為異議有理由，應作成異議成立之異議審定書，因該商標之註冊自始即有瑕疵存在，其註冊應予撤銷，商標權自始失其效力。本次修法鑑於審定係指實際進行審查異議有無理由之認定程序，亦即處分之意，為精簡用語，因此刪除原條文「審定」二字。

### 第 55 條　（部分撤銷）【原第47條】

前條撤銷之事由，存在於註冊商標所指定使用之部分商品或服務者，得僅就該部分商品或服務撤銷其註冊。

## ※ 說明

一、本條係規定異議成立之事由僅存在於註冊商標所指定使用之部分商品或服務者，得僅就該部分商品或服務撤銷其註冊。

二、商標異議案件依本法第48條第2項規定，異議得就註冊商標指定使用之部分商品或服務為之，故撤銷之事由，存在於註冊商標所指定使用之部分商品或服務者，異議人自應明確主張以利審查。而撤銷之事由，若存在於註冊商標所指定使用之部分商品或服務者，自得依本條規定僅就該部分商品或服務撤銷其註冊，使不生商標註冊全部撤銷之效力。

## 第 56 條 （異議之一事不再理）【原第48條修正】

經過異議確定後之註冊商標，任何人不得就同一事實，以同一證據及同一理由，申請評定。

### ※ 說明

一、本條係有關異議案件一事不再理原則的規定。商標異議案件經商標專責機關為異議審定處分確定後，為維護商標註冊之安定性，在同一事實、同一證據及同一理由之要件下，適用之對象不限於曾提起異議之相對人，任何人均不得再對該註冊商標申請評定。條文中之「同一事實、同一證據及同一理由」必需同時具備，才有一事不再理原則規定適用。如以不同事實或不同理由，或同一事實、理由但不同證據，另對先前異議確定後的註冊商標申請評定，仍為法律所允許。又前案已為異議處分但未確定前，後案以同一事實、同一證據及同一理由申請評定，於後案處分時，前案已確定，仍有一事不再理原則之適用。

二、有關異議及評定案件一事不再理原則的規定，二者間之差異為，前者規定「異議確定後」，後者規定「評決後」，此為考量異議案件採獨任制，僅由未曾審查原案之審查人員一人審查，而評定案件採合議制，由三人以上之評定委員共同評定之，而有不同之規定。

三、所謂同一證據係指具有同一性之證據而言，縱證據資料形式上不同，而其內容實質上同一，仍屬同一證據。本條規定乃為維護商標註冊之安定性，防止他人於商標異議案件確定後，復持實質相同，而形式不同之證據，一再反覆請求評定，影響商標權之安

定，故認定證據是否同一，應審查其內容實質上是否相同，不得拘泥於其形式是否同一。

四、為與本法第53條及第61條統一用語，本次修法本條酌作文字修正。

## 第 5 節　評定

### ※ 說明

節次變更，節名未修正。

---

### 第 57 條　（評定之申請）【原第50條修正】

商標之註冊違反第29條第一項、第30條第一項或第65條第3項規定之情形者，利害關係人或審查人員得申請或提請商標專責機關評定其註冊。

以商標之註冊違反第30條第1項第10款規定，向商標專責機關申請評定，其據以評定商標之註冊已滿3年者，應檢附於申請評定前3年有使用於據以主張商品或服務之證據，或其未使用有正當事由之事證。

依前項規定提出之使用證據，應足以證明商標之真實使用，並符合一般商業交易習慣。

---

## ※ 說明

一、第1項配合本次修正條次變更，因此調整得評定商標註冊之法定事由。

二、原條文第2項刪除。關於商標之註冊，若有侵害他人之著作權、專利權或其他權利之事實，依本法第30條第1項第15款規定，只要經法院判決侵害確定者，即應不准其註冊，已可涵括本項規定，因此予刪除。

三、增訂第2項，理由如下：

（一）本法採註冊保護原則，申請商標註冊時，不以商標已於市場上實際使用為要件，惟商標係交易來源之識別標識，必須於市場上實際使用始能發揮其商標之功能，進而累積商譽，創造商標價值。因此，兩造商標是否在市場上造成混淆誤認之虞，應回歸兩造商標在市場上實際使用情形加以判斷，始符合商標保護必要性。此亦為商標註冊申請案與商標評定案件考量基礎不同之所在，因此參考2009年2月26日歐洲共同體商標條例第57條第2項、英國商標法第47條第2A項及德國商標法第55條第3項等規定增訂之。

（二）評定案件若據以評定商標註冊已滿3年，依原條文第57條第1項第2款規定，本應善盡其註冊商標之使用義務，於市場上實際使用，以維護其商標權。因此，在判斷相衝突商標間是否有致相關消費者混淆誤認之虞時，自應將其市場上實際使用之情形納入考量。此外，實務上常發生申請評定人以未於市場上實際使用之註冊商標為據，主張撤銷已於市場上長久使用且頗具規模之註冊商標，最後甚至排除其註冊之情形，影響工商企業之正常發展，為避免未於市場上使用之商標產生排除他人註冊之不合理現象，因此增訂據以評定商標之註冊已滿3年，應檢附申請評定前三年之使用證據，

或其未使用有正當事由之事證，以資適用。

（三）利害關係人申請評定時，如未能檢附據以評定商標申請評定前3年於市場實際使用之證據，例如申請評定人以註冊已滿3年之A商標主張B商標之註冊違反本法第30條第1項第10款規定，申請評定，A商標與B商標均指定使用於同類商品或服務，卻未檢附A商標之使用證據，則其評定之申請應不受理；又如申請評定人以註冊已滿3年之C、D兩件商標主張E商標之註冊有違本法第30條第1項第10款規定，但僅檢附C商標之使用證據時，商標專責機關即毋庸審究D商標與E商標間實體上是否有近似、混淆誤認之情形，僅就C商標與E商標間進行實體審查。至以商標之註冊違反本法第30條第1項第10款以外之相對事由申請評定者，因該等條款多以商標使用已臻著名（如同條項第11款、第13款、第14款）或先使用商標（如同條項第12款）為其要件，均須舉證有使用之事實，自不待為類似之規定，併予說明。

四、增訂第3項。申請評定人依第2項規定應提出足以證明其商標有真實使用之證據資料。若只是為維持商標註冊而臨時製作或象徵性之使用證據，不符合商標係用來指示商品或服務來源之功能，不具商標保護必要性，因此參照美國商標法第45條、2009年2月26日歐洲共同體商標條例第15條第1項及德國商標法第26條第1項等規定增訂之。

## ※ 司法暨行政實務見解

### 最高行政法院73年度判字第1412號判例

未經註冊之外國著名商標，該商標所屬國家依其法律、條約、

協定，對在中華民國註冊之商標予以相同之保護者，該著名商標之外商自係具有商標法上之利害關係。意圖欺騙他人，於同一商品或同類商品使用相同或近似於未經註冊之外國著名商標，而該商標所屬之國家，依其法律或與中華民國訂有條約或協定，對在中華民國註冊之商標予以相同之保護者（其由團體或機構互訂保護商標之協議，經經濟部核准者亦同），依民國72年1月26日修正公布之商標法第62條之1規定，既應予以處罰，則該著名商標之外商自得以商標法上之「有利害關係之人」或「利害關係人」之地位，據以提出「異議或申請評定」，查此項決議雖係參照民國72年1月26日修正公布之商標法所增列條文而獲致者，但其適用並非以於商標法本次修正後申請註冊之商標爭訟事件為限。

### 最高行政法院67年度判字第125號判例

商標法第52條第1項所謂「商標之註冊」，係指商標權之創設註冊而言，其有違反該條之規定者，利害關係人始得申請評定。至於在專用期間內為移轉註冊者，僅係商標權人之更易，其移轉註冊本身，並無該條項規定之適用。

### 最高行政法院62年度判字第631號判例

一、申請評定商標之註冊無效，需利害關係人始得為之。原告對於系爭商標申請評定註冊無效，並未說明其於該商標之註冊有何利害關係，則原告有無評定申請權之存在，即非無疑。二、商標註冊後，久未使用，僅生撤銷註冊之問題，要不得據為申請評定註冊無效之原因。

---

### ※ 延伸閱讀

汪澤，論商標權侵害與正當使用之分野，智慧財產權，第146期，2011年2月，第5-31頁

---

### 第 58 條　（評定之限制與例外）【原第51條修正】

商標之註冊違反第29條第1項第1款、第3款、第30條第1項第9款至第15款或第65條第3項規定之情形，自註冊公告日後滿5年者，不得申請或提請評定。

商標之註冊違反第30條第一項第九款、第11款規定之情形，係屬惡意者，不受前項期間之限制。

### ※ 說明

一、第1項酌作修正如下：

（一）第1項配合本次修正條次變更，因此予修正。

（二）原條文第1項關於申請或提請評定5年除斥期間之適用範圍，並未包括註冊違反原條文第23條第1項第18款規定之情形，惟參照與貿易有關之智慧財產權（TRIPS）協定第24條第7項關於救濟期間限制之規定，並未排除註冊商標相同或近似於國內外葡萄酒或蒸餾酒地理標示，而指定使用於葡萄酒或蒸餾酒商品之註冊違法情形。因此增列商標之註冊違反本法第30條第1項第9款規定者，亦應受申請或提請評定五年除斥期間限制之規定。

（三）關於5年除斥期間之規定，配合本法第16條之規定，因此酌作文字修正。

二、配合原條文第50條第2項之刪除，因此刪除原條文第2項。

三、第2項由原條文第3項移列，並修正如下：

（一）配合本次修正條次變更，因此配合調整。

（二）參照與貿易有關之智慧財產權（TRIPS）協定第24條第7項但書之規定，增訂如惡意以相同或近似於我國或外國葡萄酒或蒸餾酒地理標示申請獲准註冊者，亦不受第1項5年除斥期間限制。

## ※ 司法暨行政實務見解

### 司法院釋字第370號

依商標法第52條第1項、第37條第1項第12款規定，商標圖樣相同或近似於他人同一商品或類似商品之註冊商標者，利害關係人得申請商標主管機關評定其註冊為無效，係為維持市場商品交易秩序，保障商標權人之權益及避免消費大眾對於不同廠商之商品發生誤認致受損害而設。關於其申請評定期間，參諸同法第52條第3項及第25條第2項第1款規定之意旨，可知其需受註冊滿10年即不得申請之限制，已兼顧公益與私益之保障，與憲法第15條保障人民財產權之規定並無牴觸。

### 最高行政法院99年度判字第1304號判決

利害關係人依現行商標法第50條規定申請評定註冊商標者，自應受商標法第51條所定提請評定商標除斥期間之限制。且商標法第51條所定提請評定商標除斥期間之限制係屬得提起評定商標除斥期

間限制之程序規定，另查無法律別有明文規定，則於商標法第51條
92年5月28日修正公布(同年11月28日施行)日後，依現行商標法所提
起之商標評定案，自應從新受商標法第51條所定提請評定商標除斥
期間之限制。亦即依現行商標法所提商標評定案，除商標之註冊違
反修正條文第23條第1項第12款且係惡意取得註冊者以外，其餘商
標註冊評定均受5年除斥期間之限制，始符前揭商標評定規定較短
之除斥期間之立法意旨。

### 最高行政法院42年度判字第8號判例

他人之商號名稱，必需依法註冊後，始能主張專用之權利，否
則縱未得其承諾而以之作為商標，呈請註冊，該他人亦無請求撤銷
之權，此在司法院字第1789號已有解釋明文。

### 最高行政法院73年度判字第794號判例

特定商品之服務與該商品相同或類似者，應認屬同一或同類服
務標章所表彰之營業，如為供應特定商品之服務，而該商品與他人
商標指定使用之商品相同或類似者，即應認屬同一或同類，而有商
標法第37條第1項第7款之適用。不能以其一為表彰服務之營業，一
為表彰商品，而謂兩者不生同一或同類問題。

### 最高行政法院72年度判1234號判決

商標法上除斥期間係規範申請人之請求期限，為申請人行使權
利之不變期間，屬於法律上之特別規定，該權利存在之一定期間，
法律如無特別規定，依法律不溯及既往原則，自不能適用新法所定

較短之期間

## 第 59 條（評定審查人員）【原第53條】

商標評定案件，由商標專責機關首長指定審查人員3人以上為評定委員評定之。

### ※ 說明

商標評定在藉由公眾審查制度，以輔助商標審查之不足，為力求行政處分之客觀、公正及公平，商標評定案件指派評定委員時，除應指派未曾參與申請註冊案件審查之人員，以維持評決結果之客觀而無偏頗之虞外，鑑於評定案件之標的，多屬註冊較久之商標，且申請人均具利害關係，為求慎重，特別要求指派3人以上評定委員，採多數決方式評決之。此與異議制度，係由1位審查人員獨任審查有所不同。

## 第60條 （評定成立之效力）【原第54條修正】

評定案件經評定成立者，應撤銷其註冊。但不得註冊之情形已不存在者，經斟酌公益及當事人利益之衡平，得為不成立之評定。

## ※　說明

一、評決為評定委員作成評定處分前內部研議程序，為正確用語，將「評決」修正為「評定」，以資明確。

二、原條文但書係情況決定之規定，著重於公私利益之平衡，主要在於考量商標註冊時之違法情形，於評定時，因既存之客觀事實促使構成違法事由不存在者，得為不成立之評決。至註冊商標經評定撤銷註冊之處分，於行政救濟程序中，發生評定當時所未能預料之情事，例如引據商標另案遭撤銷註冊確定在案，或引據商標已移轉予系爭商標權人等事實變更，商標主管機關或法院依當事人申請，變更原法律效果之處分或判決，則屬情事變更原則適用，二者性質上有所不同。又原條文中「經斟酌公益及當事人利益後」之用語，實指商標專責機關所考量者，應為斟酌公益與當事人利益之衡平，為臻明確，因此予修正。

三、另商標異議案件，須於商標註冊公告日起3個月內為之，其短期間內公益與私益變動較為輕微，故無適用本條但書規定之必要，併予說明。

---

### 第 61 條（評定之一事不再理）【原第55條修正】

評定案件經處分後，任何人不得就同一事實，以同一證據及同一理由，申請評定。

---

## ※　說明

一、本條係「一事不再理」之規定。商標評定案件經商標專責

機關作成評決後，為避免浪費行政資源及他人反覆利用評定制度妨害商標權之行使，維護商標註冊之安定性，遂規定任何人不得再以同一事實、同一證據及同一理由申請評定。

二、本條條文中之「同一事實、證據及理由」，係指前後案的事實、證據及理由三者均相同，則後申請評定之案件即因本條而受限制。所謂「同一證據」，係指具有同一性之證據而言，縱證據資料形式上不同，而其內容實質上同一，仍屬同一證據。本條規定乃為維護商標註冊之安定性，防止他人於處分後，復持實質相同形式不同之證據，反覆請求評定，影響商標權利狀態之安定，故認定證據是否同一，應審查其內容實質上是否相同，不得儘拘泥於其形式是否同一。

## ※ 司法暨行政實務見解

### 最高行政法院72年度判字第648號判例

所謂同一證據係指具有同一性之證據而言，縱證據資料本身不同，而其內容實質上同一，例如甲刊物記載之內容與乙刊物記載之內容實質上相同者，仍屬同一證據，應有首揭法條之適用。蓋所謂「同一證據」若解為同一形式內容之證據資料，則任何事件（不論司法事件或行政事件）於確定後，基於法之安定性，不得再持以爭執，乃係當然之理，無待法律明文之規定。而商標法第59條乃係對於商標事件評定之評決確定後為防止持憑實質相同形式不同之證據，反覆請求評定，影響商標權之安定而設之規定，故認定證據之是否同一，應審查其內容實質上是否相同，不得僅拘泥於其形式是否同一。

## 第 62 條 （相關條文於評定之準用）【原第56條修正】

第48條第2項、第3項、第49條至第53條及第55條規定，於商標之評定，準用之。

### ※ 說明

一、配合本次修正條次變更，且配合原條文第43條及第49條之刪除，因此修正準用規定。

二、評定程序，在性質上與異議程序相仿，亦應準用本法第49條第2項、第3項及第50條之規定，因此增列為準用之範圍。

### ※ 司法暨行政實務見解

#### 最高行政法院74年度判字第1412號判決

被告機關以原告系爭「MAGIC及圖」商標申請註冊日期為民國72年9月1日，較據以核駁商標申請註冊日期之民國72年8月30日為晚，且同指定使用於同類商品，兩商標復構成近似，按商標法第36條前段規定，自不得許原告申請註冊，乃予以核駁，按諸首開說明，並無違誤。原告雖訴稱：系爭兩商標無混同誤認之虞，且據以核駁之商標，業經被告機關根據原告之申請評定其註冊應作為無效在案，在該評定案確定以前，應依商標法第60條之規定停止本件訴訟程序之進行云云。第查關於前者，純屬原告主觀片面之言，而非依系爭商標外觀之客觀事實所為之評價，自非可採；關於後者，原告另案所提起者，並非有關商標權之民事或刑事訴訟，從而自無商

標法第60條停止訴訟程序規定之適用。申言之，在該商標評定案確定前，仍有拘束及阻止系爭商標申請註冊之效力。

## 92年12月30日最高行政法院庭長法官聯席會議

行政訴訟法第4條之撤銷訴訟，旨在撤銷行政機關之違法行政處分，藉以排除其對人民之權利或法律上之利益所造成之損害。而行政機關作成行政處分後，其所根據之事實發生變更，因非行政機關作成行政處分時事實認定錯誤，行政法院不得據此認該處分有違法之瑕疵而予撤銷。本件Ａ註冊商標經商標主管機關評定無效（註：新法改為評決成立撤銷其註冊）後，在訴訟中，據以評定之Ｂ註冊商標，經商標主管機關另案處分撤銷（註：新法改為廢止）其商標權確定在案。行政法院審理本案時，應以商標主管機關評定Ａ商標註冊時之事實狀態，為其裁判之基礎，無庸審酌據以評定之Ｂ註冊商標之專用權事後已被撤銷（註：新法改為廢止）之事實。至本院57年判字第95號判例：「商標核准註冊以前，尚屬準備註冊之程序，必自註冊之日始取得商標權。申請註冊之商標，在註冊程序未終結前，法律或事實有所變更時，主管機關應依變更後之法律或事實處理」之見解，與本案甲係對於評定之評決不服，請求撤銷商標主管機關評定Ａ註冊商標無效（註：新法改為評決成立撤銷其註冊）之處分有別，不生牴觸問題。

## 第 6 節　廢止

### ※ 說明

　　商標權是一種「使用的權利」，在採取商標使用主義的國家，商標之先使用乃為取得商標權之事實與要件，而採取註冊主義之國家，亦多半以商標註冊後，於一定期間內未使用或停止使用，即構成商標權消滅之事由。換言之，商標權人對其註冊商標有實際使用與繼續合法使用之義務。蓋商標註冊後如不使用，對於商標權人並無意義，而消費者亦無從認識而徒增商標專責機關管理上之麻煩以及交易市場之困擾。復以，商標之使用乃在於表彰商品或服務來源或出處，並向消費者保證商品或服務具有一定之質量，使其認明商標，即可安心選購或消費其所稱心滿意之商品或服務，實為表徵廠商信譽及消費者信賴關係之媒介。商標需藉使用才能發揮其功能。所以說，真正能夠讓商標權成長、延續，並擴張權利範圍的關鍵，不是「註冊」，而是「使用」。唯有持續並充分使用的商標，才能獲得商標法最大程度的保障，這也是廢止制度背後精神之所在，應特別注意。

---

#### 第 63 條（註冊之廢止）【原第57條修正】

　　商標註冊後有下列情形之一，商標專責機關應依職權或據申請廢止其註冊：

　　一、自行變換商標或加附記，致與他人使用於同一或

---

類似之商品或服務之註冊商標構成相同或近似，而有使相關消費者混淆誤認之虞者。

二、無正當事由迄未使用或繼續停止使用已滿3年者。但被授權人有使用者，不在此限。三、未依第43條規定附加適當區別標示者。但於商標專責機關處分前已附加區別標示並無產生混淆誤認之虞者，不在此限。

四、商標已成為所指定商品或服務之通用標章、名稱或形狀者。

五、商標實際使用時有致公眾誤認誤信其商品或服務之性質、品質或產地之虞者。

被授權人為前項第1款之行為，商標權人明知或可得而知而不為反對之表示者，亦同。

有第1項第2款規定之情形，於申請廢止時該註冊商標已為使用者，除因知悉他人申請廢止，而於申請廢止前3個月內開始使用者外，不予廢止其註冊。

廢止之事由僅存在於註冊商標所指定使用之部分商品或服務者，得就該部分之商品或服務廢止其註冊。

## ※ 說明

第1項酌作修正如下：

（一）第1款及第2款未修正，第3款配合本次修正條次變更，因此予修正。

（二）第6款刪除。商標使用之結果，若有侵害他人之著作權、專利權或其他權利之事實，本屬權利侵害範疇，應透過司法救

濟程序加以處理，參諸歐盟、英國、德國等其他國家之商標法，未有類似本款之廢止事由，因此予刪除。

## ※　案例事件

### 三年未用 「台灣青啤」2商標廢止

台灣青啤公司於2002年欲將「台灣青啤」註冊商標，但2004年時台灣菸酒早一步將「台灣青啤」、「台灣青啤酒」兩商標向智慧財產局註冊成功，指定使用在各類啤酒類商品。2009年間台灣青啤公司認為台灣菸酒註冊這兩個商標超過3年都不使用，違反商標法第57條第1項第2款「無正當事由不得未使用逾三年」規定，要求智財局廢止台灣菸酒公司這兩個商標的註冊獲准。最高行政法院認為，商標法第57條規定的3年不使用商標的正當事由，是指不可歸責於商標權人的事由，如天災、地震、原料短缺等事由，不包括台灣菸酒所述理由，遂判台灣菸酒兩商標案均敗訴定讞。【引自2011-06-17/自由時報】

## ※　司法暨行政實務見解

### 最高行政法院48年度判字第26號判例

所謂「迄未使用」或「停止使用」，必其自註冊後完全未經使用滿1年，或完全停止使用滿2年者，始足為撤銷之原因。若其使用此項商標之商品，已有產銷，僅未能普及於各地市場，則難謂與該條款規定之情形相合，而許由利害關係人呈請撤商標之註冊。

### 最高行政法院50年度判字第23號判例

按商標於註冊後，無正當事由，迄未使用已滿1年，或停止使用已滿2年者，商標主管機關固得依職權或據利害關係人之申請，撤銷其商標權。但是否迄未使用或停止使用，係屬事實問題，非可憑空主張。

### 最高行政法院55年度判字第301號判例

所謂「正當理由」，當指商標權人由於事實上之障礙或其他不可歸責於己之事由，以致無法使用註冊商標以生產製造、加工、揀選、批售或經紀其指定之商品而言（例如海運斷絕，原料缺乏或天災地變，以致廠房機器有重大損害，一時不能開工生產或銷售等）。至於停止使用已註冊之商標是否已滿2年之期間，自應依客觀事實認定之。

### 最高行政法院58年度判字第87號判例

商標法6條第1項第2款之立法意旨，要在不妨礙其他申請註冊者之權益，故已註冊之商標，雖經使用，而其所使用之商品，非註冊時所指定之商品者，仍應認為「未使用」。本件原告註冊之「孔雀牌」商標，並未使用於所指定之「化學品」商品，而擅自改為使用於染料類之「染髮劑」商品，自應視同原註冊之商標並未使用，如已滿1年以上，即已構成上開法條所定撤銷之原因。

### 最高行政法院60年度判字第399號判例

所謂「變換或加附記」，係指就註冊商標本體之文字、圖樣、

色彩等加以變更或加添其他文字圖樣，足以使其與他人之註冊商標相混淆而言。若於自己註冊商標本體之外，以普通使用方法，附記文字以表示其商品之名稱、產地、功用及品質，依同法第12條前段規定，不受他人商標權效力之拘束，自不得據為撤銷商標註冊之原因。

### 最高行政法院69年度判字第639號判決

所謂變換或加附記係指就該註冊商標本體加以一部分之更改，或刪除其中一部分，另易以其他文字、圖形、顏色補充之；以及就該註冊商標本體之外，另增附文字、圖形、記號或色彩等而言。良以商標之使用並非專供產銷廠商表明其商品，實以保護消費大眾識別各種商品之同異為其主要目的，故商標權人倘以異於與原註冊商標之同一性而為變換或加附記使用者即易引起混同誤認損害消費大眾之利益，自應撤銷其商標權，以示制裁，俾可保障交易之安全與營業主體之權益。

### 最高行政法院75年判字第575號判決

本件系爭註冊第147090號「伊太利」商標圖樣如附圖所示，係由中文伊太利、外文字母 S 及 SPORTITALIA之設計圖所聯合組成，而審閱原告所檢送之5件衣服商品實物，其縫著於衣領之布標籤僅有外文 SPORTITALIA字樣，即吊掛於衣領下之活動紙標籤亦僅有外文字母 S 及 SPORTITALIA之設計圖案，其中一件衣服塑膠包裝袋背面左下角雖黏貼有紙標籤（伊太利），但與其商標之外文及圖形分離，並非系爭商標圖樣之整體使用，有該衣服商品實物附原處分卷可稽。查商標係為表彰自己之商品，且為保障消費者之利益

而設，故商標除法律另有規定外，必需整體使用，俾消費者易於辨認，不致有誤認之情事發生，原告既非以系爭商標用於外銷商品，而僅使用商標外文部分，自非使用系爭商標，則原告持所檢送之上述衣服商品實物及銷貨統一發票摘要欄之記載，主張其有使用系爭商標云云，委無可取

### 最高行政法院78年度判字第627號判決

服務標章之使用，應使用於所指定之服務上，若僅係專為處理自己之事務或商品，並非對一般不特定與多數人所提供之服務，縱有使用該服務標章之事實，仍非已合法使用。

### 最高行政法院83年度判字第1810號判決

按商標註冊後，無正當事由迄未使用或繼續停止使用已滿3年者，商標主管機關應依職權或據利害關係人申請撤銷商標權，為商標法第31條第1項第2款前段所明定。其撤銷處分確定者，自撤銷處分之日起失效，同法第33條前段定有明文。準此，在撤銷處分確定前，其商標權依然存在，仍有拘束他人商標申請註冊之效力，此與該商標經核准註冊之處分生變更而自始不存在之情形有異。

### 最高行政法院91年度判字第1540號判決

關係人取得之圖形著作權利，於系爭標章申請註冊前已作為商標圖樣使用，已如前述，其著作之權利，與商標註冊或使用屬二事，非可依當時商標法第31條第1項第4款規定，認系爭標章若有侵害他人之著作權，應經判決確定者，方得撤銷其註冊。

最高行政法院91年度判字第1811號判決

註冊商標自行變換或加附記者，係指商標權人本人或其所授權之人有變換或加附記之行為者而言，上訴人要難諉稱不知被授權使用人對系爭商標變換加附記使用而卸責。

(98)智商0390字第09780034870號函

商標法第57條第1項第5款規定，商標註冊後，「商標實際使用時有致公眾誤認誤信其商品或服務之性質、品質或產地之虞者」，商標專責機關應依職權或據申請廢止其註冊。本款之適用係指註冊商標在實際使用時，該商標圖樣之標示，有使人誤信其所表彰商品或服務本身之性質、品質或產地而言。其規範意旨在避免註冊商標因不當使用而影響正常之交易秩序。例如將「OO有機商行」商標註冊在有機食品零售服務上，惟實際使用時，若經檢測所販售之有機食品含有農藥，該商標之不當使用標示，顯有致公眾誤認誤信其商品之性質或品質為無農藥之有機食品而予以購買，進而影響交易秩序。至於本件所詢若一商標註冊登記為數人共有，而由其等分別使用後，因各共有人提供之服務品質內容迥異，應係對同一商標所表彰商品或服務之品質、商譽產生混淆之虞，核與商標之標示是否有使人誤認誤信其所表彰商品或服務本身之性質、品質或產地之概念並不相同，應無前揭法條規定之適用。

## ※　延伸閱讀

陳宏杰，從歐美商標審查實務觀點看混淆誤認之虞參酌因素的運用，智慧財產權第139期，2010年7月，第5-28頁

許忠信，商標之描述性元素不應被納入混淆之虞之認
定-智慧財產權法院九十七年行商訴字第三三號商標判決評
析，月旦裁判時報第2期，2010年4月，第108-117頁

## 第 64 條 （商標之同一性）【原第58條修正】

商標權人實際使用之商標與註冊商標不同，而依社會
一般通念並不失其同一性者，應認為有使用其註冊商標。

### ※ 說明

一、商標權人雖應依所註冊之商標而使用，惟因實際上使用商
標時，常就大小、比例或字體等加以變化，如依社會一般通念仍可
認識與註冊商標為同一者，仍應屬註冊商標之使用。所稱之社會一
般通念，乃因每個人對事物之看法及社會價值之評斷，往往受種
族、地域、文化、社會階級、時間與空間等不同，而經常獲致不同
之結論，為達合理公平及社會和諧之目的，對事物之評斷，通常尋
求其均衡點，客觀地依社會上多數可接受之看法或價值評斷為標
準，稱之。

二、本條由原條文第1款移列，並酌為文字修正。原條文第2款
刪除。本款所規定以出口為目的之商品或其有關之物件上，標示註
冊商標之情形，已為本法第5條第1項第2款規定所涵括，並無重複
規定之必要，因此予刪除。

## ※　司法暨行政實務見解

### 最高行政法院69年度判字第639號判決

按商標在註冊後，於其註冊商標自行變換或加附記，致與他人使用於同一商品或同類商品之註冊商標構成近似而使用者，不問其於變換或附加時，在其主觀上有無影射之意圖，亦不問該他人之註冊商標是否先於該變換或加附記之商標權人而為註冊，依商標法第31條第1項第1款之規定，商標主管機關應依職權或利害關係人之申請撤銷其商標權。茲所謂變換或加附記係指就該註冊商標本體加以一部分之更改，或刪除其中一部分另易以其他文字、圖形、顏色補充之；以及就該註冊商標本體之外，另增附文字、圖形、記號或色彩等而言。良以商標之使用並非專供產銷廠商表明其商品，實以保護消費大眾識別各種商品之同異為其主要目的，故商標權人倘以異於與原註冊商標之同一性而為變換或加附記使用者即易引起混同誤認損害消費大眾之利益，自應撤銷其商標權，以示制裁，俾可保障交易之安全與營業主體之權益。

### （84）台商字第200965號函

關於二以上註冊商標之合併使用，商標法並無限制規定，惟若合併使用之結果與原註冊商標圖樣失其同一性，則可能認為非屬原註冊商標之合法使用。再者其合併結果若與他人註冊商標構成近，則可能有商標法第31條第1項第1款撤銷專用權規定之適用。故建議就欲合併使用之圖樣申請註冊為聯合商標為宜。

## 第 65 條 （廢止之通知）【原第59條修正】

商標專責機關應將廢止申請之情事通知商標權人，並限期答辯；商標權人提出答辯書者，商標專責機關應將答辯書送達申請人限期陳述意見。但申請人之申請無具體事證或其主張顯無理由者，得逕為駁回。

第63條第1項第2款規定情形，其答辯通知經送達者，商標權人應證明其有使用之事實；屆期未答辯者，得逕行廢止其註冊。

註冊商標有第63條第1項第1款規定情形，經廢止其註冊者，原商標權人於廢止日後3年內，不得註冊、受讓或被授權使用與原註冊圖樣相同或近似之商標於同一或類似之商品或服務；其於商標專責機關處分前，聲明拋棄商標權者，亦同。

### ※ 說明

一、第1項酌作修正。商標權人提出答辯者，商標專責機關亦應將答辯書送達廢止申請人，使廢止申請人有對答辯理由陳述意見之機會，因此予修正。

二、第2項配合本次修正條次變更，因此予修正。

三、原條文第3項刪除。本法第57條增列據以評定之商標權人應提出足以證明其商標有真實使用之證據資料，並符合商業交易習慣之規定，與原條文第3項規定，商標權人應舉證證明商標有使用之證據條件相同，為精簡條文，因此於本法第67條第3項為準用規定，並刪除本項規定。

四、第3項由原條文第4項移列，並配合本次修正條次變更，及原條文第57條第1項第6款規定之刪除，而配合修正。另配合本法第16條之規定，酌作文字修正。

## ※ 司法暨行政實務見解

### 臺北高等行政法院91年度訴字第3432號判決

　　系爭商標撤銷處分時商標法第31條第3、4項明定：「商標主管機關為第1項之撤銷處分前，應通知商標權人或其商標代理人，於30日內提出書面答辯。但申請人之申請無具體事證或其主張顯無理由者，得不通知答辯，逕為處分」、「第1項第2款情事，其答辯通知經送達商標權人或其代理人者，商標權人應證明其有使用之事實，逾期不答辯者，得逕行撤銷其商標權」，足見利害關係人以上開商標法第31條第1項第2款情事申請撤銷商標權者，只要其主張非顯無理由，且非無具體事證，商標主管機關即應通知商標權人或其商標代理人，於30日內提出書面答辯，商標權人並應證明其有使用之事實。易言之，利害關係人申請撤銷他人已註冊之商標，只需提供相當之前提證據，以釋明其主張為真實即可（所謂釋明係指「提出證據方法，使法院得生薄弱心證之行為，即使其可信為大概如此」，民事訴訟法第284條原條文立法理由參照），故利害關係人就其所主張「商標註冊後，無正當事由迄未使用或繼續停止使用已滿3年」之消極事實向商標主管機關為釋明者，其主張即非顯無理由，且非無具體事證，依上開商標法第31條第4項規定，商標權人便應就其有使用系爭商標之積極事實，負舉證責任。改制前行政法院67年度判字第685號判決意旨（非判例）謂「商標有無停止使用

之事實，應依證據認定之，非可徒託空言之主張，故利害關係人依前開法條規定，申請撤銷他人已註冊之商標，應提供相當之前提證據，以釋明其主張為真實，不能憑空任意申請」，其時施行之商標法第31條第3項雖僅規定「商標主管機關為第1項之撤銷處分前，應通知商標權人或其商標代理人，於30日內提出書面答辯」，而無如前揭商標法第31條第3項但書及第4項相似之規定，但該判決所揭示之舉證責任法則，亦僅要求「利害關係人申請撤銷他人已註冊之商標，應提供相當之前提證據，以釋明其主張為真實」，並未要求利害關係人負「證明」責任…，仍與前揭商標法第31條第3項及第4項所規定者相同。本件參加人於申請撤銷系爭商標時主張其委託汎亞徵信有限公司於民國89年10月間派員至系爭商標權人即原告登記位於台北縣三重市中山路43號5樓之處所查訪，發現原告公司已遷移至台北市內湖區瑞光路513巷35號3樓營業，乃至該新址查訪，據原告公司負責人嚴碧霞表示，其公司係專門經營各種服飾用品及襪類產品之經銷及出口業務，並已停止使用AVEN商標於皮夾、包袋等產品上長達4、5年之久等語，且系爭商標自註冊至今亦無任何授權或其他異動之情形，可見系爭商標繼續停止使用已滿3年等情，並檢附汎亞徵信有限公司民國89年12月19日徵信調查報告書及原告公司負責人嚴碧霞之名片等為證，揆參加人提出之證據方法，已可使商標主管機關即被告產生薄弱之心證，信為大概如此，盡其釋明之責，其主張即非顯無理由，且非無具體事證，被告乃依前揭商標法第31條第3項規定通知原告於30日內提出書面答辯，並舉證證明其有使用系爭商標之事實，依前開說明，其所為舉證責任之分配，於法並無不符。

## 第 66 條（商標廢止之基準時點）【新增】

商標註冊後有無廢止之事由，適用申請廢止時之規定。

### ※ 說明

明定商標廢止案件法規適用之基準時點，以申請廢止時之規定為準。

## 第 67 條（相關條文之準用）【原第60條修正】

第48條第2項、第3項、第49條第1項、第3項、第52條及第53條規定，於廢止案之審查，準用之。

以註冊商標有第63條第1項第1款規定申請廢止者，準用第57條第2項及第3項規定。

商標權人依第65條第2項提出使用證據者，準用第57條第3項規定。

### ※ 說明

一、第1項酌作修正如下：

（一）配合本次修正條次變更，因此予修正。

（二）申請廢止案，在程序架構上與異議相仿，除本節特有之規定外，其程序之進行，亦應準用異議部分之相關規定，因此配合原條文第43條規定之刪除，及本法第49條第3項之增訂，一併修正

準用之範圍。

（三）申請廢止案件並無不許撤回之規定，然未如原條文第45條第1項規定得撤回之期間限制，不利於當事人之權益保護，因此增列準用本法第53之規定。

（四）廢止案件並非審查商標註冊之合法性，原規定準用原條文第42關於原案審查人員迴避之規定並無必要，因此刪除準用之規定。

二、增訂第2項。商標之註冊有本法第63條第1項第1款規定申請廢止者，為避免未於市場上實際使用之據爭商標，仍能廢止他人商標註冊，而產生不合理現象，因此增訂準用本法第57條第2項及第3項規定。

三、增訂第3項。本法第57條增列據以評定之商標權人應提出足以證明其商標有真實使用之證據資料，並符合商業交易習慣之規定，與本法第65五條第2項規定，商標權人應舉證證明商標有使用之證據條件相同，為精簡條文，因此於第3項明定準用規定。

## ※ 司法暨行政實務見解

### 最高行政法院91年度判字第1382號判決

系爭商標是否有違反註冊時商標法第37條第1項第7款規定之事由，係以系爭商標本身有無該當該條款之構成要件以為論斷，與商標所有權人是否為原始申請人或是經由移轉受讓而來無涉，且商標之使用具有延續性，商標權之讓與人就有關該商標之一切權益及瑕疵，於商標權移轉之法律行為完成後，當然由商標權人之受讓人予以概括承受，上訴人不得以其非原始申請人作為抗辯之理由。

## 第 7 節　權利侵害之救濟

### ※　說明

科技的進步，商品流通國際化，智慧財產權相關權利，由於屬地原則之作用，於各國國境遭受不同的待遇。近年來，為保護智慧財產權，世界各國雖然均已修訂了完善之法令，並採行各種保護措施，惟全球各地仍然充斥著各種仿冒品，處處可見違害智慧財產權的侵權行為，其情形，包括權利人在進口國因無法令可適用而不能行使，或雖有法令，但由於行政或司法程序未能完全有效配合，以致權利人無法順利在出口國行使其權利，或因邊境外的物品或侵權行為為司法管轄範圍所不及等等。因此，為了遏阻侵權物品因越境造成權利人之損失，而制定邊境管制措施。歷時7年談判的關稅暨貿易總協定烏拉圭回合談判所達成之協定，於1994年正式將智慧財產權保護項目TRIPS列入全球經貿規範中。TRIPS第3篇第四節更訂有與邊界措施有關之智慧財產權保護執行，為各國對於侵權仿冒品在跨境時則有一個國際共同準則，因此，各國亦必需以TRIPS的規定，作為最低保護智慧財產權之邊境措施標準，並修訂其本國之法令以落實智慧財產權的保護。

### 第 68 條 （商標權侵害）【原第61條第2項修正】

未經商標權人同意，為行銷目的而有下列情形之一，為侵害商標權：

> 　　一、於同一商品或服務，使用相同於註冊商標之商標者。
>
> 　　二、於類似之商品或服務，使用相同於註冊商標之商標，有致相關消費者混淆誤認之虞者。
>
> 　　三、於同一或類似之商品或服務，使用近似於註冊商標之商標，有致相關消費者混淆誤認之虞者。

### ※ 說明

　　一、本法所規範侵害商標權之行為，係指本法第5條「為行銷目的」所稱在交易過程（in the course of trade）使用商標之行為而言，並不包括單純購買商品之消費行為，因此予明定，作為適用之限制。

　　二、原條文未明確規定侵害商標權行為之內容，在適用上需輾轉參照原條文第29條第2項各款規定，為明確商標權排他之範圍，因此逕為明定商標權人得排除他人使用之各款侵害商標權情形，以資適用。

### ※ 司法暨行政實務見解

#### （97）智商字第09700085950號函

　　三、本件來函所稱○○君以他人註冊商標中之文字作為申請預查保留公司名稱之行為，雖未實際完成公司設立之登記，然而依照公司法第18條第5項所規定，公司名稱於公司登記前「應」先申請核准，並保留一定期間之意旨來看，申請預查保留公司名稱已屬

密切接近公司登記之前階段行為，是否為商標法第61條第1項所稱「有侵害之虞」而可由商標權人訴請防止或排除，仍有待司法實務見解之確認與釐清。

　　四、其次，依公司法第18條第5項以及「公司名稱及業務預查審核準則」之規定，核准公司名稱預查申請的行為，性質上是一種行政處分，利害關係人如認為核准處分違法或不當，致損害其權利或利益者，得依訴願法第1條及第18條之規定提起訴願，請求公司登記主管機關撤銷或變更其核准預查保留公司名稱之處分。是以，○○○公寓大廈管理維護股份有限公司如認為○○○君所受核准之預查保留公司名稱之處分違法或不當，致損害其權利或利益者，亦得以前述行政救濟方式排除侵害。

---

## 第 69 條 （侵害商標之民事責任）【原第61條修正】

　　商標權人對於侵害其商標權者，得請求除去之；有侵害之虞者，得請求防止之。

　　商標權人依前項規定為請求時，得請求銷毀侵害商標權之物品及從事侵害行為之原料或器具。但法院審酌侵害之程度及第三人利益後，得為其他必要之處置。

　　商標權人對於因故意或過失侵害其商標權者，得請求損害賠償。

　　前項之損害賠償請求權，自請求權人知有損害及賠償義務人時起，2年間不行使而消滅；自有侵權行為時起，逾10年者亦同。

## ※ 說明

一、第1項酌作修正。原條文第1項修正後分列為第1項及第3項。依原條文第1項規定，商標侵權之民事救濟方式，依其性質可分為二大類型，一者為損害賠償請求權，依據民法第184條第1項前段規定，主觀上應以行為人有故意或過失為必要；另一者為除去及防止侵害請求權，即原條文第一項後段所定之侵害除去或防止請求權，性質上類似民法第767條第1項所定物上請求權之妨害除去及防止請求，客觀上以有侵害事實或侵害之虞為已足，毋須再論行為人之主觀要件。為避免適用上之疑義，因此將侵害除去或防止請求權列為第一項，並將損害賠償請求權之規定移列第3項。

二、原條文第2項移列本法第68條。

三、第2項係由原條文第3項移列，並修正如下：

（一）原條文第3項所定對於侵害商標權之物品或從事侵害行為之原料、器具之銷毀請求，應為侵害除去或防止侵害請求權類型之一，因此調整項次，僅於主張第一項關於侵害除去或防止請求權之際，始有適用餘地。

（二）對於侵害行為，商標權人固得請求銷毀侵害商標權之物品及從事侵害行為之原料或器具，惟如得以對相對人及第三人權益侵害較小之手段而能同樣達成保障商標權人利益者，法院即應採取其他較小侵害手段以代替銷毀，俾符合比例原則。例如，對於侵害商標權之物品，以避免對權利人造成任何損害之方式，命於商業管道外處分之；對於不以製造侵害商標權物品為主要用途之原料或器具，固無須命為銷毀，對於主要用於製造侵害物品之原料或器具，亦得以將再為侵害之危險減至最低之方式，命於商業管道外處分之。法院雖被賦予命令銷毀之權力，但並無義務採用銷毀方式，

而得選擇侵害性較低之方式，因此參考與貿易有關之智慧財產權（TRIPS）協定第46條規定之意旨，增訂本項但書規定。至於法院為前述考量時，得審酌侵害之程度與當事人以外第三人（例如不知情之受委託製造人）利益等因素；然應注意與貿易有關之智慧財產權（TRIPS）協定第46條之規定，必須確保該等侵害商標權之物品及主要用於製造侵害物品之原料或器具不致再進入商業管道，自屬當然。

　　四、第3項由原條文第1項關於損害賠償部分文字移列。有關商標侵權行為是否須具備主觀上之故意或過失之要件，原條文並未規範。實務上對此看法分歧，有主張本法為民法之特別法，特別法未規定者，自應適用民法規定，是以民法有關侵權行為之主觀要件亦應適用於商標侵權行為；亦有認原條文未規範商標侵權行為之主觀要件，係有意不作規定，因商標註冊須公告，既已公告周知，即足以說明行為人具備故意過失，而無庸再加規定。惟商標侵權不限於以相同商標，使用於相同之商品或服務上，尚及於以近似商標，使用於同一或類似之商品或服務上，而有致混淆誤認之虞之情形，其判斷常因個案存在不同之參酌因素而有不同之認定。因此，本項明定關於損害賠償之請求，應以行為人主觀上有故意或過失為必要，因此予釐清，以杜爭議。

　　五、增訂第4項。關於商標侵權行為請求權消滅時效之規定，國外立法例，除德國於其商標法第20條第1項明文規定外，其他主要國家之商標法並未明文規定，其未規範之理由在於商標侵權為侵權行為之一種，其消滅時效，適用其他法律，尤其是民法侵權行為消滅時效規範即可。惟我國現行專利法第84條第5項及著作權法第89條之1對此既均有明文規定，為求智慧財產權法相關規定之一致

性，因此予增訂。至於第1項侵害除去或防止請求權之消滅時效，應回歸適用民法相關規定，併予說明。

### ※ 案例事件

#### 業者要抓 仿冒建仔商品 好膽嘜走

王建民在美國職棒聯盟球場締造佳績，連帶使得王建民所屬的美國紐約洋基隊及相關商品如球衣、球帽、球具、棒球卡等商品都廣受全民的喜愛。不過未經授權的仿冒品也紛紛出現，智慧局官員提醒業者，在從事製造、販賣、輸出、輸入商品時，要特別留意不要進貨或銷售相關仿冒品，依商標法規定，只要商標權人取得商標權，就可以分別依商標法第61、62條及第81至83條規定，循民事、刑事途徑主張維護其商標權。【引自2006-10-04/聯合晚報/9版/社會話題】

### ※ 司法暨行政實務見解

#### 智慧財產法院100年度民商訴字第1號民事判決

經查「葉全真」其人係經常參與電視演出之藝人，係屬公眾人物，其有無代理或銷售系爭產品，相關消費者極易查證與知悉，果原告經營之有樂網確實有代理銷售系爭產品，對於相關消費者而言，僅將「葉全真」文字作為關鍵字，而未將系爭產品之商標標示為「葉全真」之廣告，僅能表達出「葉全真」其人曾代理或銷售系爭產品之資訊，尚不足以使相關消費者認識「葉全真」文字為商標，亦不足以使相關消費者誤認系爭產品之商標為「葉全真」。

而原告既不爭執其經營之有樂網於99年8月前即曾代理銷售系爭產品，則被告僅於網路廣告上將「葉全真」文字作為關鍵字，而未將系爭產品之商標標示為「葉全真」，自難認足使相關消費者認識「葉全真」文字為商標。

### 智慧財產法院98 年度民商訴字第 2號民事判決

所謂商標之近似，係指具有普通知識經驗之商品購買人，於購買時施以普通所用之注意，猶不免有混同誤認之虞者而言。…原告主張被告以「全國徵信社」作為其商號名稱，係以系爭「全國」商標作為表彰其營業主體或來源之識別標誌，已侵害原告商標權。查本件原告之註冊商標「全國」徵信社及圖登記類別為「偵探社、失蹤人口調查、尋人調查、安全諮詢、衛星定位服務」，其商標圖樣中之「徵信社」不在專用之列。其註冊圖案為「黑色大圓圈中右邊鏤空一橢圓型，黑色大圓圈右下角緊接一小黑圈圈，其右上方有一半弦月鏤空」所組成…其中關於「全國徵信社」之文字使用部分，係使用加粗標楷體，並未經特殊設計。至被告所使用之「全國徵信社」之營業事業名稱，與原告前開註冊商標中「全國徵信社」之「全國」文字完全相同，其營業項目為「工商徵信服務業（限供辦公室使用）」，此有原告所提出之營利事業登記資料查詢在卷足憑，以一般具備普通知識經驗之消費者施以通常之辨別及注意，異時異地隔離及通體觀察，顯有混淆誤認。且被告登記之營業項目為工商徵信服務業（限供辦公室使用），不惟與系爭商標指定使用於偵探社等服務相同或近似，且與原告所指定之服務，亦有直接密切之關連，依據一般社會通念及市場交易情形，足使相關消費大眾就被告之公司與原告系爭商標間產生聯想，認為兩者間具有特定之關

連，進而對原告之商品與被告所提供之商品或服務來源發生混淆誤認，故原告主張被告之商號名稱會使消費者混淆誤認，堪以採信。

### （96）智商字第09600054710號函

商標法第61條第1項規定，「商標權人對於侵害其商標權者，得請求損害賠償，並得請求排除其侵害；有侵害之虞者，得請求防止之。」係針對商標權受侵害所為民事侵權救濟規定，又同法第66條之規定係參酌TRIPs第55條規定意旨所為就當事人間主張權利之行為態樣，明定海關應廢止查扣之法定事由，該條第1項第1款規定所稱「未依第61條規定就查扣物為侵害物提起訴訟」，核其法條文義係指未依第61條規定就查扣物為侵害物提起民事訴訟而言。本件來函所稱申請人於海關通知受理查扣之日起12日內，已向管轄之地方法院檢察署對被查扣貨物之所有人提出刑事告訴一事，核其若僅提刑事告訴，尚非第66條第1項第1款規定所稱「就查扣物為侵害物提起訴訟」之範圍。若申請人未依第61條規定就查扣物為侵害物提起民事訴訟，依第66條第1項第1款規定，海關應廢止查扣。

---

### ※ 延伸閱讀

王敏銓、黃楠婷，商標商品化初探，智慧財產權第146期，2011年2月，第32-48頁

王敏銓、扈心沂，商標侵害與商標使用—評台灣高等法院九十六年度上易字第二○九一號判決與智慧財產法院九十七年度民商上易字第四號判決，月旦法學雜誌第185期，2010年10月，第151-169頁

謝國廉，網路服務提供者關於商標權侵害之民事責任--英美商標法實務之最新發展，法令月刊第 61卷第12期，2010年12月，第115-130頁

謝銘洋，商標侵害及損害賠償之計算－智慧財產法院九十七年度重附民字第一號刑事附帶民事判決及商標法修正草案評析，月旦民商法雜誌第26期，2009年12月，第194-204頁

## 第 70 條（視為侵害商標權）【原第62條修正】

未得商標權人同意，有下列情形之一，視為侵害商標權：

一、明知為他人著名之註冊商標，而使用相同或近似之商標，有致減損該商標之識別性或信譽之虞者。

二、明知為他人著名之註冊商標，而以該著名商標中之文字作為自己公司、商號、團體、網域或其他表彰營業主體之名稱，有致相關消費者混淆誤認之虞或減損該商標之識別性或信譽之虞者。

三、明知有第68條侵害商標權之虞，而製造、持有、陳列、販賣、輸出或輸入尚未與商品或服務結合之標籤、吊牌、包裝容器或與服務有關之物品。

## ※ 說明

一、本條規範之意旨係為加強對著名商標之保護，為與國際規

範相調和，將之擬制為侵害商標權。

　　二、原條文第1款不適用於「可能」有致減損著名商標之識別性或信譽之情況，使著名商標權人須待有實際損害發生時，始能主張，而無法在損害實際發生前有效預防，且著名商標權人要舉證證明有實際損害發生，特別是著名商標之識別性或信譽有實際減損之情形相當困難，為避免對著名商標保護不周，因此參考美國商標法第43條之規定，於第1款及第2款增加「之虞」之文字，並修正如下：

　　（一）原條文第1款將著名商標使用與非屬商標使用之公司名稱使用等侵害行為併列於同1款規定，由於類型不同，因此將其後段規定之非商標使用行為，單獨移列於本條第2款。

　　（二）第2款由原條文第一款後段移列，與前段商標使用之侵權態樣區分，修正如下：1.將「團體名稱」納入本款例示保護之標的，以期周全。本款所稱之公司、商號、團體名稱，係指依據公司法、商業登記法或其他相關法規，於各該主管機關申請設立、成立或開業登記之名稱而言，其所使用之文字固多以中文為主，然本款規定之擬制侵害行為態樣並不以使用中文為限，若該著名註冊商標中之文字係外文，如未得商標權人同意，而以該外文作為自己公司、商號或團體之外文名稱，或作為進出口廠商向貿易局登記之公司英文名稱時，則相當於本款所規定以著名商標中之文字作為表彰營業主體名稱之情形，併予說明。2.本款之適用增列「致相關消費者混淆誤認之虞」之情形，係指行為人之公司、商號、團體或網域名稱與著名註冊商標中之文字相同，且其經營之業務範圍與著名註冊商標使用之商品或服務構成相同或類似，有致相關消費者混淆誤認之虞之情形。因原條文第一款後段規定對此並未規範，僅規範

「致減損著名商標之識別性或信譽」之情形，而須適用原條文第二款「有致相關消費者混淆誤認」需有實際混淆誤認之發生，對著名商標權人保障不周，因此予明定。

（三）增訂第3款。除認定直接侵害商標權之行為外，商標侵權之準備、加工或輔助行為，亦應防杜，故將明知有修正條文第68條侵害商標權之虞，卻仍予以製造、持有、陳列、販賣、輸出或輸入尚未與商品或服務結合之標籤、吊牌、包裝容器或服務有關之物品之行為，視為侵害商標權之行為。復參照德國商標法第十四條第四項規定，其係以有同條第2項及第3項侵權行為「之虞」為適用之前提，但並不以成立該條第2項及第3項侵權行為為要件；另除侵權人以外之第三人為商標侵權之加工或輔助行為外，侵權人本身所為之準備行為亦屬本項規範之行為。

（四）原條文第2款刪除。原條文第2款規定僅明知為他人之「註冊商標」，而未得商標權人同意，逕以該商標中之文字作為自己公司名稱、商號名稱、網域名稱或其他表彰營業主體或來源之標識，致商品或服務相關消費者混淆誤認者，即視為侵害商標權，對註冊商標之保護範圍顯然過廣，使得實務上有商標權人濫行寄發存證信函之情形，且法院曾以商標註冊需經公告，該公告之公示效果已足以使第三人知悉該註冊商標之存在，而認定第三人符合「明知」之主觀要件，更加深商標權人濫用該款規定之情形，為避免過度保護註冊商標，並造成權利濫用之問題，因此予刪除。

## ※　司法暨行政實務見解

### 智慧財產法院99年度民商上更(三)字第3號民事判決

　　一、商標法第62條規定之「公司名稱」，應係指公司法中之公司名稱而言，且以中文名稱為限。又上開規定中所謂作為「表彰營業主體或來源之標識」者，乃指雖非以之作為公司名稱（指登記上之中文名稱），惟倘以之作為法人或非法人團體之名稱，且有營業之事實者，則屬將該他人已註冊之商標文字做為表彰自己營業主體或來源之標識，仍有上開規定之適用，此時該用以表彰自己營業主體或來源之標識即不以中文為限，換言之，公司名稱固為表彰自己營業主體方式之一，然表彰自己營業主體之方式則不以登記公司名稱為限（此所以法條文字中將「公司名稱」自「表彰營業主體或來源之標識」之範圍中單獨抽出），縱使登記之公司名稱（中文名稱）與他人商標文字不同，惟其用以表彰自己營業主體之標識若與他人註冊之商標文字相同，雖該標識並非公司法上所指之公司名稱，惟因該標識仍具有表彰營業主體或來源之功能，仍有造成商品或服務相關消費者混淆誤認之可能，自仍有上開規定之適用。

　　二、倘公司行號有經營進出口業務之需要者，依貿易法第9條，需向經濟部國際貿易局申請公司英文名稱登記，此一公司英文名稱雖非公司法上之公司名稱、亦非商標法第62條所指之公司名稱，惟非不得視為表彰營業主體或來源之標識，蓋從事進出口業務之廠商仍有可能以該英文名稱作為辨識公司主體或來源之依據。

## 智慧財產法院99年度民商上字第2號民事判決

　　系爭產品外觀標示之整體圖樣包括粉紅色長方形框內有較大字體之白色外文「SAUGELLA」，暨產品名稱「賽吉兒7.0（初經前／停經後）菁萃婦潔凝露」、「賽吉兒7.0（初經前／停經後女性適用）菁萃婦潔凝露」、「賽吉兒菁萃婦潔凝露」，其中，產品名

稱之標示雖有與系爭商標圖樣相同之中文「婦潔」二字，然該「婦潔」二字並未特別顯著，業如前述，倘將該二字自整體產品名稱中予以單獨抽離，依通常交易經驗或消費者觀察反係生硬不自然，亦與商標近似與否之判斷係以具有普通知識經驗之消費者，於購買時施以普通之注意予以整體觀察，而不得將商標文字或圖樣各別割裂之原則有違，則系爭產品予相關消費者印象深刻之部分係粉紅色長方形框內有較大字體之白色外文「SAUGELLA」或粉紅色、藍色字體之「賽吉兒」等文字，而非其產品名稱中未具顯著性之「婦潔」二字，職是，系爭商標圖樣與系爭產品圖樣之整體近似程度不高，以相關消費者之識別力與注意力，自兩者之產品名稱整體文字及圖樣，異時異地隔離觀察比較，無論自其外觀、讀音及觀念加以判斷，均實難予人有同一或系列商標之聯想。衡諸系爭產品與系爭商標指定使用之商品雖屬同一，然系爭產品之整體圖樣與系爭商標圖樣之近似程度低、網頁檢索結果可區別系爭產品及系爭商標產品之資訊等因素，客觀上並無使相關消費者誤認系爭產品與系爭商標之產品為同一來源之系列商品，或誤認兩造間存在關係企業、授權關係、加盟關係或其他類似關係，而產生混淆誤認之虞。

## 智慧財產法院99年度民商訴字第10號民事判決

參諸張益銘所著金銀紙祕密、晨星出版社出版之第116頁記載，可知金紙之錫箔分為大箔、小箔、正箔、鋁箔及印箔。刈金分8開、12開及16開等情。本書作者前於1982年有從事金銀紙調查，其較系爭商標於2003年10月1日註冊時，先於20年以上。職是，金紙之錫箔於註冊前已分為大箔、小箔、正箔、鋁箔及印箔等類型，故該等標記應屬公共財產，公眾於合理之範圍內得自由使用該名稱

說明商品之品質。

### 智慧財產法院98 年度民商訴字第 1 號民事判決

按商標權人對於侵害其商標權者，得請求損害賠償，並得請求排除其侵害；有侵害之虞者，得請求防止之，商標法第61條第1 項定有明文。…被告未得原告同意，以「五南」作為補習班名稱已構成對原告系爭商標權之侵害。從而，原告依據商標法第61條第1 項之規定，請求被告應停止使用「五南」作為其補習班名稱之特許部分，以及被告應拆除之招牌即位於○○市○區○○○街○○號1 樓之「五○補習班」招牌，均為有理由，自應准許。

### 智慧財產法院97 年度民商上字第 00001號民事判決

判斷有無混淆誤認之虞，並不以實際已發生混淆誤認之情事為必要，是以商標權人縱未能證明實際混淆誤認之情事，經參酌其他判斷因素，仍有可能引起混淆誤認之虞，惟商標法第62條第2 款係以「致商品或服務相關消費者混淆誤認」為要件，而非以「致商品或服務相關消費者混淆誤認『之虞』」為要件，自仍有賴商標權人提出客觀證據證明實際混淆誤認結果之發生，是以被上訴人主張上訴人之行為當然已該當混淆之要件云云，即非可採。…綜上，被上訴人既未證明上訴人使用「台糖」作為公司名稱之行為，有何減損被上訴人著名商標識別性之結果，抑或有何使商品或服務相關消費者產生混淆誤認之結果發生，即不構成商標法第62條第1 款、第2款之視為侵害商標權。

## 智慧財產法院97 年度民商上更(一)字第 00001號民事判決

　　所謂公司英文名稱是否為商標法第62條第1款「公司名稱」所涵蓋？經濟部智慧財產局已就所謂公司名稱說明係依公司法及商業登記法規定，而上開二法均未明定公司英文名稱為登記事項，則公司英文名稱使用他人已註冊之商標，是否仍有商標法第62條第1款規定適用？按商標法第62條第1款法條文義並未明文限定所謂「公司名稱」或「商號名稱」、「網域名稱」等以中文為限，法條文義亦未限定有關「公司名稱」之解釋，僅限於依據公司法或商業登記法，上開二法，僅係對公司名稱設有規定之眾多法令一部分，倘將有關公司名稱之解釋限定於依據公司法及商業登記法二者，顯然無法符合現今國際貿易興盛，國際間商業往來頻繁，以及跨國公司日漸增加之實際需要，倘將所謂公司名稱侷限於本國文字為限，勢將提供巧門，使鑽營者大量利用外國公司商標或英文名稱作為自己公司英文名稱，反將造成不公平競爭，並造成消費者混淆誤認，於對外貿易時更將貽笑國際，對公共利益有至大且鉅之不利影響，是有關商標法第62條第1款公司名稱之解釋，實不應侷限於公司法及商業登記法二者，否則，就利用他人商標作為自己網域名稱者，常見之情形為利用外國知名品牌作為自己網域名稱，此時就商標法第62條第1款之網域名稱定義，解釋上是否仍侷限於以中文為限？倘不以中文為限，何以對公司名稱之解釋卻侷限於中文部分？其中不合理處不言可喻。況依商標法第62條立法理由所示，此條增訂之目的在於：「近年來以註冊商標中之文字作為自己公司名稱、商號名稱、網域名稱或其他表彰營業主體或來源之標識，因而所生侵害商標權之糾紛，愈來愈多，為求明確，乃有明定視為侵害商標權之態樣之必要」、「第一款以著名之註冊商標為對象，明定明知為他人

之著名註冊商標，竟使用相同或近似於該著名商標，或以該著名商標中之文字作為自己公司名稱、商號名稱、網域名稱或其他表彰營業主體或來源之標識，因而減損該著名商標之識別性或信譽者，應視為侵害商標權，以資保護著名之註冊商標，並對近年來以他人著名之商標搶註為網域名稱之新興問題，明確規範。」，可知此條增訂之目的在於應付日益增加之國際性糾紛，而非僅在侷限於國內，是以，有關商標法之解釋，自宜因時空之演進而與時俱進，以符合國際化之需求，始符立法本意。

### ※ 案例事件

#### 與農藥同名 年年春梅酒涉侵權

溪頭「妖怪村」和信義鄉農會合作推出「年年春」梅酒引發爭議，生產「年年春」農藥的億豐農藥公司委託律師來函，認為會使人誤食農藥，要求梅酒下架，否則不排除提告。億豐公司委託的律師事務所表示，「年年春」的品牌悠久，在商標法第62條裡有所謂的「帝王條款」，知名度夠高的商標，該公司擁有商標權，其他公司不得申請，以往不追究，是因為申請商標的公司都是註冊農藥產品，不會有危害，但酒類申請商標則有誤食的可能。【引自2012-06-01/聯合報/B2版/彰投綜合新聞】

### ※ 延伸閱讀

謝銘達，論非營利組織商標使用 以慈濟大愛案為例，逢甲大學財經法律研究所碩士論文，2008年

## 第 71 條　（賠償之計算方式）【原第63條修正】

商標權人請求損害賠償時，得就下列各款擇一計算其損害：

一、依民法第216條規定。但不能提供證據方法以證明其損害時，商標權人得就其使用註冊商標通常所可獲得之利益，減除受侵害後使用同一商標所得之利益，以其差額為所受損害。

二、依侵害商標權行為所得之利益；於侵害商標權者不能就其成本或必要費用舉證時，以銷售該項商品全部收入為所得利益。

三、就查獲侵害商標權商品之零售單價1500倍以下之金額。但所查獲商品超過1500件時，以其總價定賠償金額。

四、以相當於商標權人授權他人使用所得收取之權利金數額為其損害。

前項賠償金額顯不相當者，法院得予酌減之。

### ※　說明

一、第1項酌作修正如下：

（一）第3款修正。將原條文之最低損害賠償即單價500倍部分刪除，由法官依侵權行為事實之個案為裁量，以免實際侵權程度輕微，仍以零售單價500倍之金額計算損害賠償額，而有失公平。

（二）增訂第4款，理由如下：1.商標權人以外之人，如欲合法使用註冊商標，本應透過商標授權之方式，於經授權之範圍內，

支付對價後方能使用。就此而言，未經商標授權之侵害使用行為，對於商標權人所造成之損害，就相當於侵害商標權人透過授權條件所可以取得之客觀財產價值。2.關於侵害智慧財產權損害賠償事件損害額之認定，「辦理民事訴訟事件應行注意事項」第87點已規定，得參考智慧財產權人於實施授權時可得收取之合理權利金數額，核定損害賠償之數額，因此於第四款增訂相關計算其損害賠償之方式，以利商標權人選擇適用。

二、原條文第3項刪除。依原條文之規定，業務上信譽因侵害而減損之情形，司法實務上適用，認為其性質仍為財產上之損害。然而，本法74年11月29日修正時，係參照民法第195條之體例所作之修正，當時規範之基礎係建立在商標與營業結合之前提下，故賦予商標權人對於因商標侵權行為所導致其營業信譽減損之情形，得另行主張非財產上損害賠償之法律依據。另本法82年12月22日修正時，已刪除商標應與其營業一併移轉之規定，商標已獨立於營業之外，為單純財產上之權利，適用第一項之損害賠償計算方式，因此予刪除。

## ※ 司法暨行政實務見解

### 智慧財產法院 98 年度民商上易字第7號民事判決

被上訴人宗○公司於92年1 月15日、同年3 月15日向大陸地區基○公司，訂購未經授權使用系爭專利彈片並印有系爭商標圖樣之系爭崁燈，且以崁燈燈座連同燈炮、燈頭每組30元之價格購買系爭崁燈各15,000組、13,000組，復自92年4 月間起至92年11月14日止，以每組崁燈35元之價格銷售上開崁燈予第三人共7,600 組。嗣經警

於92年11月14日持臺灣板橋地方法院核發之搜索票至被上訴人宗○公司內，查扣前揭崁燈共20,400組。…按商標法第63條第1 項第3 款規定：「商標權人請求損害賠償時，得就下列各款擇一計算其損害：…三、就查獲侵害商標權商品之零售單價五百倍至一千五百倍之金額。但所查獲商品超過一千五百件時，以其總價定賠償金額。」，其立法理由明示：「冒用他人商標之商品，往往不循正常商業軌道銷售，其銷售數量多少，侵害人亦多秘而不宣，故被害人實際受損害之情形，往往難以計算或證明，復有侵害人於獲悉有人進行調查後，即不擇手段加速傾銷，對受害人往往造成更大之損害，而受害人能查獲之商品為數不多，受害人因無法證明實際損害，致不能獲得應得之補償，非僅有失公平，且助長此類侵害行為之滋生。……因此於修正條文第一項增列第三款，使得就查獲商品零售單價之五百倍至一千五百倍之金額內求償。又為顧及被查獲商品數量過多，與實際損害不符，故加但書規定。」，本院審酌上開立法意旨及被上訴人被查獲仿冒件數，認本件損害賠償金額應以查獲數量乘以零售單價每組35元為適當。

## 智慧財產法院 98 年度民商訴字第 9號民事判決

按商標權人之業務上信譽，因侵害而致減損時，並得另請求賠償相當之金額，商標法第63條第3 項定有明文。所稱「業務上信譽」，即營業信譽或商譽之謂。本條所謂業務上信譽之損失，通常係指加害人以相同或近似商標之不良仿品矇騙消費者，使消費者混淆誤認被害人之商品或服務品質低劣，以致被害人之營業信譽或商譽受貶損而言。苟加害人之商品並非品質低劣，則其使用相同或近似之商標於相同或類似之商品或服務，固會使消費者混淆誤認為係

與被害人之商品或服務為同一來源或二者間有關係企業、加盟關係、授權關係等而予以選購，造成被害人售量減少等之營業損害（此係同條第1項請求損害賠償之範疇），惟不當然造成被害人之商品或服務之營業信譽或商譽之減損。故被害人依上開商標法第63條第3項請求加害人賠償相當金額，即應舉證證明加害人侵害其商標權，已致其業務上信譽受到減損之事實，否則即不能准許其請求。

### 智慧財產法院97年度重附民字第1號民事判決

本件經查獲侵害系爭商標權之皮包雖只有4只，然冒用他人商標之商品，往往不循正常商業軌道銷售，其銷售數量多少，侵害人亦多秘而不宣，故被害人實際受損害情形，往往難以計算或證明，復有侵害人於獲悉有人進行調查後，即不擇手段加速傾銷，對受害人往往造成更大之損害，而受害人能查獲之商品為數不多，受害人因無法證明實際損害，致不能獲得應得之補償，非僅有失公平，且助長此類侵害行為之茲生，是本件原告主張依商標法第63條第1項第3款，就查獲侵害其商標權之零售單價500倍至1,500倍之金額計算其損害，尚無不合。

---

### 第 72 條 （海關對於商品之查扣）【原第65條修正】

商標權人對輸入或輸出之物品有侵害其商標權之虞者，得申請海關先予查扣。

前項申請，應以書面為之，並釋明侵害之事實，及提供相當於海關核估該進口物品完稅價格或出口物品離岸價

---

格之保證金或相當之擔保。

　　海關受理查扣之申請，應即通知申請人；如認符合前項規定而實施查扣時，應以書面通知申請人及被查扣人。

　　被查扣人得提供第二項保證金二倍之保證金或相當之擔保，請求海關廢止查扣，並依有關進出口物品通關規定辦理。

　　查扣物經申請人取得法院確定判決，屬侵害商標權者，被查扣人應負擔查扣物之貨櫃延滯費、倉租、裝卸費等有關費用。

## ※　說明

　　一、第1項酌作修正。原條文第1項「侵害」之文字，易使人誤以為輸入或輸出之物品須確有侵害商標權之情事，然而，從原條文第66條第1項第1款規定可知，輸入或輸出之物品是否有侵害商標權之情事須提起訴訟始得認定，因此，該項物品應係指有侵害商標權之虞者，為求精確，因此酌作修正。

　　二、第2項及第3項未修正。

　　三、第4項酌作文字修正。

　　四、原條文第5項配合新增海關依職權處理程序之規定，合併移列修正條文第76條。

　　五、第5項由原條文第6項移列。為免內容發生矛盾或牴觸，因此刪除原條文第6項有關「除第66條第4項規定之情形外」等文字。

## 第 73 條 （海關查扣之廢止）【原第66條修正】

有下列情形之一，海關應廢止查扣：

一、申請人於海關通知受理查扣之翌日起12日內，未依第69條規定就查扣物為侵害物提起訴訟，並通知海關者。

二、申請人就查扣物為侵害物所提訴訟經法院裁定駁回確定者。

三、查扣物經法院確定判決，不屬侵害商標權之物者。

四、申請人申請廢止查扣者。

五、符合前條第4項規定者。

前項第1款規定之期限，海關得視需要延長12日。

海關依第1項規定廢止查扣者，應依有關進出口物品通關規定辦理。

查扣因第1項第1款至第4款之事由廢止者，申請人應負擔查扣物之貨櫃延滯費、倉租、裝卸費等有關費用。

## ※ 說明

第1項修正第1款。受理查扣起訴期間，配合關稅法有關期間規定自「翌日起算」；另配合本次修正條次變更，並酌作文字修正。

## 第 74 條　（查扣賠償責任與保證金）【原第67條修正】

查扣物經法院確定判決不屬侵害商標權之物者，申請人應賠償被查扣人因查扣或提供第72條第4項規定保證金所受之損害。

申請人就第72條第4項規定之保證金，被查扣人就第72條第2項規定之保證金，與質權人有同一之權利。但前條第4項及第72條第5項規定之貨櫃延滯費、倉租、裝卸費等有關費用，優先於申請人或被查扣人之損害受償。

有下列情形之一，海關應依申請人之申請，返還第72條第2項規定之保證金：

一、申請人取得勝訴之確定判決，或與被查扣人達成和解，已無繼續提供保證金之必要者。

二、因前條第1項第1款至第4款規定之事由廢止查扣，致被查扣人受有損害後，或被查扣人取得勝訴之確定判決後，申請人證明已定20日以上之期間，催告被查扣人行使權利而未行使者。

三、被查扣人同意返還者。

有下列情形之一，海關應依被查扣人之申請返還第72條第4項規定之保證金：

一、因前條第一項第一款至第四款規定之事由廢止查扣，或被查扣人與申請人達成和解，已無繼續提供保證金之必要者。

二、申請人取得勝訴之確定判決後，被查扣人證明已

定20日以上之期間，催告申請人行使權利而未行使者。

三、申請人同意返還者。

## ※ 說明

配合本次修正條次變更，因此予修正。

## 第75條（海關之通知義務）　【新增】

海關於執行職務時，發現輸入或輸出之物品顯有侵害商標權之虞者，應通知商標權人及進出口人。

海關為前項之通知時，應限期商標權人至海關進行認定，並提出侵權事證，同時限期進出口人提供無侵權情事之證明文件。但商標權人或進出口人有正當理由，無法於指定期間內提出者，得以書面釋明理由向海關申請延長，並以一次為限。

商標權人已提出侵權事證，且進出口人未依前項規定提出無侵權情事之證明文件者，海關得採行暫不放行措施。

商標權人提出侵權事證，經進出口人依第2項規定提出無侵權情事之證明文件者，海關應通知商標權人於通知之時起3個工作日內，依第72條第1項規定申請查扣。

商標權人未於前項規定期限內，依第72條第1項規定申請查扣者，海關得於取具代表性樣品後，將物品放行。

## ※　說明

　　一、目前執行商標權保護有關邊境暫不放行措施，實務上係依據「海關配合執行專利商標及著作權益保護措施作業要點」規定予以執行，惟因屬涉及人民權利義務之事項，其內容宜以法律定之，因此於本條增訂相關規定。

　　二、第1項規定海關於執行職務時，若發現輸入或輸出之物品顯有侵害商標權之虞者，應分別通知商標權人及進出口人。所稱「執行職務」，包含海關受理商標權人申請檢舉特定人可能輸出入侵害其商標權之貨物、商標權人提示或其他機關通報非特定人可能輸出入侵害其商標權之貨物，或海關主動執行輸出入物品外觀顯有侵害商標權之邊境保護措施。

　　三、第2項規定海關為前項之通知時，應指定期間限期商標權人及進出口人；至海關進行認定，並提出侵權之事證或提供無侵權情事之證明文件，於受通知者有正當理由，無法於指定其間內提出者，得以書面釋明理由，向海關申請延長指定期間。

　　四、第3項規定商標權人已提出侵權之事證，且進出口人未提出無侵權情事之證明文件，經海關認定為疑似侵害商標權物品者，賦予海關得依職權採行暫不放行措施之權力。

　　五、第4項規定，若權利人提出侵權之事證，而進出口人亦提出無侵權情事之證明文件之前提下，兩造皆有證明文件，海關無法認定是否有侵權情事，此時不宜由海關依職權採行暫不放行措施，而應轉換成由商標權人依修正條文第72條規定，於通知之時起3個工作日內申請查扣之程序，海關始能繼續查扣物品。

　　六、第5項規定，如商標權人未依修正條文第72條規定，於期限內申請查扣者，海關得於採樣後，將物品放行。

> ## 第 76 條 （檢視查扣物）【原第61條第5項修正】
>
> 　　海關在不損及查扣物機密資料保護之情形下，得依第72條所定申請人或被查扣人或前條所定商標權人或進出口人之申請，同意其檢視查扣物。
>
> 　　海關依第72條第3項規定實施查扣或依前條第3項規定採行暫不放行措施後，商標權人得向海關申請提供相關資料；經海關同意後，提供進出口人、收發貨人之姓名或名稱、地址及疑似侵權物品之數量。
>
> 　　商標權人依前項規定取得之資訊，僅限於作為侵害商標權案件之調查及提起訴訟之目的而使用，不得任意洩漏予第三人。

## ※ 說明

　　一、第1項由原條文第65條第5項移列。參考「世界海關組織（World Customs Organization）」所提供之「賦予海關權力執行與貿易有關智慧財產權協定之國家法律範本」第8條及美國、歐盟、日本等國就相關議題之立法例，允許海關依權利人之申請，在不損及查扣物機密資料保護之情形下，依申請人或被查扣人之申請，准其檢視查扣物，以協助確定是否為侵害商標權物品。另為將得申請檢視查扣物之人，明確界定其範圍，酌作文字修正，限於修正條文第72條之申請人或被查扣人或前條之商標權人或進出口人始得為申請。

　　二、增訂第2項。於海關依修正條文第72條第3項規定實施查扣，或依修正條文第75條第3項規定採行暫不放行措施後，為便利

商標權人向輸出入侵害其商標權貨物之人提起民事侵權訴訟，以特定侵害商標權之人及其侵權事實，屬關稅法第12條第1項第7款：「關務人員對於納稅義務人、貨物輸出人向海關所提供之各項報關資料，應嚴守秘密，違者應予處分；其涉有觸犯刑法規定者，並應移送偵查。但對下列各款人員及機關提供者，不在此限：一、…七、其他依法得向海關要求提供報關資料之機關或人員。…。」之情形，商標權人得依法向海關申請提供相關資料，經海關同意後，提供進出口人、收發貨人之姓名或名稱、地址及疑似侵權物品之數量。

三、增訂第3項。商標權人雖得依第二項規定向海關申請提供進出口人、收發貨人之姓名或名稱、地址及疑似侵權物品數量之資料。惟本質上，前揭資料仍屬依法應守秘密之事項，基於國際法制調和化之需求，限定使用目的為調查侵權事實或提起訴訟所必要，因此明定商標權人不得任意洩漏該資料予第三人之法定義務；如有違反，自應負民事上之損害賠償責任，及刑法第317條洩漏業務上知悉工商秘密罪之刑事責任。

## 第 77 條 （保證金）【新增】

商標權人依第75條第2項規定進行侵權認定時，得繳交相當於海關核估進口貨樣完稅價格及相關稅費或海關核估出口貨樣離岸價格及相關稅費百分之120之保證金，向海關申請調借貨樣進行認定。但以有調借貨樣進行認定之必要，且經商標權人書面切結不侵害進出口人利益及不使用於不正當用途者為限。

前項保證金，不得低於新臺幣3000元。

商標權人未於第75條第2項所定提出侵權認定事證之期限內返還所調借之貨樣，或返還之貨樣與原貨樣不符或發生缺損等情形者，海關應留置其保證金，以賠償進出口人之損害。

貨樣之進出口人就前項規定留置之保證金，與質權人有同一之權利。

### ※ 說明

一、依「海關配合執行專利商標及著作權益保護措施作業要點」之規定，海關經檢舉、提示、其他機關通報或海關主動執行商標權邊境保護措施時，發現輸入或輸出之物品顯有侵害商標權之虞者，海關即通知商標權人限期至海關進行侵權認定，於三日內提出侵權證明文件，並可展延一次。惟部分物品侵權認定困難，商標權人有向海關調借貨樣進行侵權認定之必要，因此參照美國、歐盟、日本等國之立法例，允許權利人提供保證金向海關申請調借貨樣進行侵權認定，增訂本條之規定。

二、第1項及第2項規定，權利人得提供海關核估進口貨樣完稅價格及相關稅費或海關核估出口貨樣離岸價格及相關稅費百分之120之保證金，且最低不得低於新臺幣3000元，係參照美國立法例訂定。另海關為秉持公平立場依法行政，且避免介入商標權人與進出口人間之私權紛爭，於審酌商標權人調借貨樣之必要性，且經商標權人書面切結不侵害進出口人利益及不使用於不正當用途後，始提供貨樣予商標權人。

三、商標權人未於規定期限內返還貨樣，或返還之貨樣與原貨樣不符或發生缺損等類似情形，為賠償進出口人之損失，因此於第3項增訂以商標權人提供之保證金作為貨樣損失之賠償。

　　四、本條保證金之提供，在擔保貨樣之進出口人就第三項所定之損害得以受償，因此參酌民事訴訟法第103條第1項規定意旨，明定進出口人就第三項規定留置之保證金，與質權人有同一之權利，因此於第4項明定。

---

### 第 78 條　（授權立法）【原第68條修正】

　　第72條至第74條規定之申請查扣、廢止查扣、保證金或擔保之繳納、提供、返還之程序、應備文件及其他應遵行事項之辦法，由主管機關會同財政部定之。

　　第75條至第77條規定之海關執行商標權保護措施、權利人申請檢視查扣物、申請提供侵權貨物之相關資訊及申請調借貨樣，其程序、應備文件及其他相關事項之辦法，由財政部定之。

---

### ※　說明

一、第1項酌作修正如下：

（一）配合本次修正條次變更，因此予修正。

（二）配合原條文第65條第5項移列修正條文第75條第1項，其相關實施辦法應由第2項規定，因此刪除「檢視查扣物」等文字。

二、增訂第2項。明定修正條文第75條至第77條規定之具體實

施內容，授權由財政部定之。

## 第 79 條 （法院處理原則）【原第71條】

法院爲處理商標訴訟案件，得設立專業法庭或指定專人辦理。

### ※ 說明

一、民國81年司法院曾通函所屬法院設立專庭專股處理智慧財產權訴訟案件，惟因智慧財產權案件數量，佔法院總案件數量不高，並未成立專業法庭，迄至民國88年舉行的「司法改革會議」，決議推動引進德國式的「專家參審制」。所謂專家參審制，即依法庭的專業性質，由法律以外的各行專家共同參與審判，例如醫療、營建工程、智慧財產權、家事及性侵害等需要專家知識背景的案件，即由鑑識專家參與審判，擔任法官的角色，以提升司法的公信力。專家參審具有專業制衡的作用，一爲彌補職業法官法律以外專業能力的不足，專業法官往往拘泥於法條文字上的認知，對社會之法律情感及價值觀念體認不足，在案件類型日趨專業而複雜的今日，尤見其效用，二爲反應現代化社會高度分工之結果，將法官的權限節制侷限在法律專業，法庭中容納專家參與審判，已勢所必行。但由於「參審制」可能涉及修憲及諸多立法工作，係曠日廢時之舉，故司法院於民國89年先行制定「專家參與審判諮詢實行要點」，儘管專家在此一要點的設計中定位模糊，既非參審制中直接擔任審判者的角色，亦非現行訴訟程序中的鑑定人制度，其內容亦

有不少令人質疑之處，諸如專家意見採行與否，是否成為裁判基礎，竟然是繫於被告之同意與否，完全悖離了審理程序的基本原則。但司法院有意借此提升司法裁判公信力及品質的用心，甚值得肯定。惟如何提升人民對司法的信賴，其關鍵問題除引進專家「參審制」外，「專家參與審判諮詢試行要點」在實務運用上，尚有諸多可議之處。

二、現行訴訟程序的鑑定制度，尚有諸多配套措施有待改善，例如建立專家名冊及資格認定標準、改善證人及鑑定人的出庭待遇與環境、改變司法人員的觀念與心態及對於該案中專家證人的態度等。司法院目前除正研擬「專家參審試行條例」草案，就參審官（即專家參審員）之功能及角色均有明確之規範，希能充分發揮專家參審之功能外，亦另同步研擬設置智慧財產權專業法院之可能性。

# 第3章 證明標章、團體標章及團體商標

## ※ 說明

一、具有驗證性質之標章，在我國社會經濟發展過程中很早就存在，例如早期政府機構提供之CNS驗證標章、百分之百鮮奶標章等即屬之；或強制性質之商品檢驗服務，例如標準檢驗局之前身商品檢驗局時代所提供之各項商品檢驗服務，衛生署之藥品檢驗、化妝品檢驗等亦是。其後因經濟活動發展多元化，經濟自由競爭意識抬頭，而產生一些具有公信力非官方之驗證機構，供生產者自由參加品質或特殊規格、特性之驗證，以提昇消費者對其產品或服務品質之信任感，賦予商品/服務更高之價值，除政府規定的強制性驗證項目外，這些自願性驗證標章缺乏登記管理，標章所有人的權利缺乏保障，而在他國立法例中，早已有明文規定，我國則付之闕如，民國82年以前實務上雖以服務標章名義註冊，惟與證明標章兩者意義不同，有加以區別另行規定，提供驗證機構單位一個申請管道以保障其證明標章專用之權利。例如台灣精品標誌、UL電器安全、ST玩具安全標誌及百分之百羊毛標誌等即為一般消費者熟悉的證明標章。

二、證明標章之目的在於告知消費者，所證明之商品或服務，具備某些規定的特質，或符合已定的質量水平；亦即，證明他人商品或服務之特性、品質、精密度、產地或其他事項達到一定的水

平。證明標章使用於商品或服務上時，提供給消費者的訊息是該等商品或服務業經生產者或提供者以外之人（即證明人），依照證明標章權人所定之方式審查、測試、檢驗或其他方法檢驗完畢，使用證明標章之產品或服務在經過審查、測試、檢驗之特性、品質、精密度、產地或其他事項上具有一定的水準，值得消費者信賴。

　　三、證明標章除了強化消費者對所選購產品的信任，它也提供被證明產品或服務一種強而有力的廣告促銷和品質保證的效果，尤其今日消費意識抬頭，民眾對所購買之商品或服務之品質要求日益重視，除了依產品上標示之商標所累積的信譽來選購，如果另外有取得註冊之證明標章標示其上，無形中將給予消費者一種更強而有力的信任感和品質保證。此外，證明標章亦有推行公共政策之功能，例如許多環保性質之標章即是，這個制度對促進產業發展很有幫助，我國為適應經濟發展趨勢與潮流，證明標章註冊制度於焉產生。

---

## 第 80 條 （證明標章之定義）【原第72條修正】

　　證明標章，指證明標章權人用以證明他人商品或服務之特定品質、精密度、原料、製造方法、產地或其他事項，並藉以與未經證明之商品或服務相區別之標識。

　　前項用以證明產地者，該地理區域之商品或服務應具有特定品質、聲譽或其他特性，證明標章之申請人得以含有該地理名稱或足以指示該地理區域之標識申請註冊為產地證明標章。

　　主管機關應會同中央目的事業主管機關輔導與補助艱

困產業、瀕臨艱困產業及傳統產業，提升生產力及產品品質，並建立各該產業別標示其產品原產地為台灣製造之證明標章。

　　前項產業之認定與輔導、補助之對象、標準、期間及應遵行事項等，由主管機關會商各該中央目的事業主管機關後定之，必要時得免除證明標章之相關規費。

## ※ 說明

一、條次變更。

二、第1項為證明標章之定義規定，因原料或製造方法為較常見之證明事項，因此予增列，並酌作文字修正。

三、原條文第2項及第3項移列修正條文第81條第1項及第2項。

四、增訂第2項。為使第一項證明產地事項之產地證明標章定義清楚明確，明定用以證明產地者，該地理區域之他人商品或服務應具有特定品質、聲譽或其他特性；亦即產地證明標章得由產地名稱所組成，但非謂商標專責機關即應允許其註冊，仍須考量該產地名稱是否於指定之商品或服務具有特定品質、聲譽或其他特性。例如，申請「臺北」註冊為產地證明標章指定使用於板條商品，因以「臺北」為產地之板條並無特定品質、聲譽或其他特性之意涵，予人印象僅為單純產地之說明，並不符合產地證明標章之定義，將核駁其註冊申請。但若申請「美濃」作為產地證明標章，指定使用於板條商品，則因美濃居民以客家人為主，而板條為客家傳統米食，美濃生產之板條長久以來夙著盛譽，「美濃」於板條具有品質與聲譽之意涵，應符合申請產地證明標章之要件。

五、增訂第3項、第4項。

六、明定本法主管機關經濟部，應主動會同各該事業之中央目的事業主管機關，應輔導及補助艱困產業、瀕臨艱困產業及傳統產業，建立各該產業別標示其產品原產地為台灣製造之證明標章；以具體協助如台灣寢具產業團結聯盟、台灣製造民生產業大聯盟等本土產業相關團體。

七、經濟部除主動協助本土產業建立台灣製造之證明標章外，更應輔導取得本證明標章者，於依貿易法第20條第2項及第3項規定所設之國內、外「台灣產品館（區）」中進行展售，以拓銷台灣重要產製品、台灣精品。

---

## 第 81 條 （證明標章之申請）【原第72條第2項、第3項】

　　證明標章之申請人，以具有證明他人商品或服務能力之法人、團體或政府機關為限。

　　前項之申請人係從事於欲證明之商品或服務之業務者，不得申請註冊。

---

### ※ 說明

一、第1項由原條文第72條第2項移列，內容未修正。

二、第2項由原條文第72條第3項移列，並酌作文字修正。

# 第 82 條（申請之方式）【新增】

申請註冊證明標章者，應檢附具有證明他人商品或服務能力之文件、證明標章使用規範書及不從事所證明商品之製造、行銷或服務提供之聲明。

申請註冊產地證明標章之申請人代表性有疑義者，商標專責機關得向商品或服務之中央目的事業主管機關諮詢意見。

外國法人、團體或政府機關申請產地證明標章，應檢附以其名義在其原產國受保護之證明文件。

第一項證明標章使用規範書應載明下列事項：

一、證明標章證明之內容。

二、使用證明標章之條件。

三、管理及監督證明標章使用之方式。

四、申請使用該證明標章之程序事項及其爭議解決方式。

商標專責機關於註冊公告時，應一併公告證明標章使用規範書；註冊後修改者，應經商標專責機關核准，並公告之。

## ※ 說明

一、第1項規定申請註冊證明標章應檢附之文件，係由本法施行細則第38條第4款「申請人得為證明之資格」及第6款「申請人本身不從事所證明商品之製造、行銷或服務提供之聲明」移列，因涉

及人民權利、義務，依中央法規標準法第5條第2項規定，應以法律定之，因此予明定。

二、第2項規定申請註冊產地證明標章，若其申請人之代表性有疑義者，得另行徵詢商品或服務之中央目的事業主管機關之意見，以釐清代表性之疑義，統合由具代表性申請人提出產地證明標章註冊之申請。

三、在原產國不受保護者，我國並無保護義務，因此參考與貿易有關之智慧財產權( TRIPS ) 協定第24條第9項規定，於第3項規定外國法人、團體或政府機關申請產地證明標章，應檢附以其名義在其原產國受保護之證明文件。

四、第4項係本法施行細則第38條有關證明標章使用規範書應載明內容之規定，因使用規範書之內容具有強烈之公益性，影響利害關係人及消費者權益甚鉅，係涉及人民權利義務事項，依中央法規標準法第5條第2款規定，應以法律定之，因此參照澳洲商標法第173條第2項及英國商標法附則二證明標章第6條之規定，予以明定。又證明標章性質上，對表彰之商品或服務具有特定品質、特性之保證功能，消費者對經證明之商品或服務，較一般商標具有更高之信賴程度，為確保證明標章權人與符合條件之申請使用人間發生爭議時，能有公平公正之解決方式，第四款因此明定使用規範書應載明「申請使用該證明標章之程序事項及其爭議解決方式」，使申請使用該標章之程序及其爭議解決方式透明化，併予說明。

五、證明標章使用規範書之內容攸關利害關係人及消費者之權益，因此參照澳洲商標法第179條，與英國商標法附則二證明標章第9條，於第5項規定證明標章使用規範書之內容及其修改，應予以公告。復參酌澳洲商標法第178條與英國商標法附則二證明標章第

11條，增訂證明標章使用規範書註冊後之修改，應向商標專責機關申請核准並公告，否則不生效力。

## 第 83 條 （證明標章之使用）【原第73條修正】

　　證明標章之使用，指經證明標章權人同意之人，依證明標章使用規範書所定之條件，使用該證明標章。

### ※ 說明

　　一、為明確證明標章之使用概念，酌作文字修正，以資明確。

　　二、證明標章之本質，證明標章權人自己不得使用於相關商品或服務，而係指經由證明標章權人同意之人，依證明標章使用規範書所規定之條件，將該標章用於商品、與服務有關之物品、商品或服務有關之商業文書或廣告等行為，應適用修正條文第5條之規定，併予說明。

## 第 84 條 （產地證明標章）【新增】

　　產地證明標章之產地名稱不適用第29條第1項第1款及第3項規定。

　　產地證明標章權人不得禁止他人以符合商業交易習慣之誠實信用方法，表示其商品或服務之產地。

## ※ 說明

一、證明標章若由產地名稱所組成，是否有違反原條文第23條第1項第2款規定，向有疑義。為明確起見，因此參考英國商標法附則二證明標章第3條，於第1項規定產地證明標章不適用修正條文第29條第1項第1款之規定。又產地證明標章所欲保護者為產地名稱，故亦無聲明不專用之必要，因此明定亦不適用修正條文第29條第3項規定。

二、單純地理名稱雖經註冊取得產地證明標章權，惟不得禁止第三人以符合商業交易習慣之誠實信用方法，作為商品或服務產地說明之自由使用權益，因此於第2項明定之。

---

### 第 85 條 （團體標章之定義）【原第74條第1項修正】

團體標章，指具有法人資格之公會、協會或其他團體，為表彰其會員之會籍，並藉以與非該團體會員相區別之標識。

## ※ 說明

一、原條文第1項列為本條文。團體標章之功能並非表彰該團體之組織，而是在表彰該團體成員之會籍。實務審查上亦不接受無成員之組織，如財團法人、基金會等，為表彰其組織，而申請團體標章之情形，且參照美國商標法之規定與實務運作亦採相同見解，因此刪除原條文第1項關於表彰組織之文字，以資明確。

二、原條文第2項移列修正條文第86條第1項。

---

### 第 86 條 （團體標章之申請）【原第74條第2項修正】

團體標章註冊之申請，應以申請書載明相關事項，並檢具團體標章使用規範書，向商標專責機關申請之。

前項團體標章使用規範書應載明下列事項：

一、會員之資格。

二、使用團體標章之條件。

三、管理及監督團體標章使用之方式。

四、違反規範之處理規定。

---

### ※ 說明

一、第1項由原條文第74條第2項移列，並酌作文字修正。

二、增訂第2項。本法施行細則第39條規定，有關團體標章使用規範書應載明之事項，因與團體標章制度之權利義務有關，事涉人民權利義務，依中央法規標準法第5條第2款規定，應以法律定之，因此予明定，並酌作文字修正。又團體標章權人對於會員違反使用規範書之規定者，其處理方式，可包括暫時或永久中止同意使用該標章，甚至開除其會籍等規定，應於使用規範書訂之，併予說明。

## 第 87 條 （團體標章之定義）【原第75條修正】

團體標章之使用，指團體會員為表彰其會員身分，依團體標章使用規範書所定之條件，使用該團體標章。

### ※ 說明

原條文中有關表彰「團體或」其會員身分之文字，易使人誤以為團體標章為表彰「團體」之標識，因此予刪除。其次，團體標章之使用係由團體會員，依修正條文第86條團體標章使用規範書所定之條件，使用該團體標章。至於原條文「由團體或其會員將標章標示於相關物品或文書上」，依修正條文第17條準用第5條，當然包括將標章標示於相關物品或文書上，因此配合刪除。

## 第 88 條 （團體標章之使用）【原第76條修正】

團體商標，指具有法人資格之公會、協會或其他團體，為指示其會員所提供之商品或服務，並藉以與非該團體會員所提供之商品或服務相區別之標識。

前項用以指示會員所提供之商品或服務來自一定產地者，該地理區域之商品或服務應具有特定品質、聲譽或其他特性，團體商標之申請人得以含有該地理名稱或足以指示該地理區域之標識申請註冊為產地團體商標。

## ※ 說明

一、原條文第1項關於申請註冊之規定已為修正條文第2條所涵蓋，因此修正為團體商標之定義規定，以資明確。

二、增訂第2項。來自一定地理區域之商品或服務，具有特定品質、聲譽或其他特性，除可註冊為證明標章獲得保護外，是否尚得註冊為團體商標以取得保護，現行法未予規範，為免疑義，因此予明定。

三、原條文第2項係申請註冊團體商標應備使用規範書等申請程序之相關規定，因此移列修正條文第89條第1項。

---

### 第 89 條 （申請之方式）【原第76條第2項修正】

團體商標註冊之申請，應以申請書載明商品或服務，並檢具團體商標使用規範書，向商標專責機關申請之。

前項團體商標使用規範書應載明下列事項：

一、會員之資格。

二、使用團體商標之條件。

三、管理及監督團體商標使用之方式。

四、違反規範之處理規定。

產地團體商標使用規範書除前項應載明事項外，並應載明地理區域界定範圍內之人，其商品或服務及資格符合使用規範書時，產地團體商標權人應同意其成為會員。

商標專責機關於註冊公告時，應一併公告團體商標使用規範書；註冊後修改者，應經商標專責機關核准，並公

告之。

## ※　說明

一、第1項由原條文第76條第2項移列，並酌作文字修正。

二、增訂第2項。團體商標使用規範書之內容具有強烈之公益性，影響利害關係人及消費者權益甚鉅，依中央法規標準法第5條第2款規定，應以法律明定，因此參照本法施行細則第39條有關團體商標使用規範書應載明內容之規定，及參考英國商標法附則一團體商標第5條第2項、2009年2月26日歐洲共同體商標條例第67條第2項及德國商標法102條，於本項明定之。又團體商標權人對於會員違反使用規範書之規定者，其處理方式，可包括暫時或永久中止同意使用該標章，甚至開除其會籍等規定，應於使用規範書訂之，併予說明。

三、增訂第3項。參考2009年2月26日歐洲共同體商標條例第67條第2項及德國商標法第102條第3項之規定增訂。明確規範產地團體商標使用規範書應規定，地理區域界定範圍內之人，其商品或服務及資格符合使用規範書時，為避免實務上有差別待遇之情事發生，因此明定不得拒絕他人成為會員。

四、增訂第4項。團體商標使用規範書之內容攸關利害關係人及消費者之權益，因此參考英國商標法附則一團體商標第8條、第10條及2009年2月26日歐洲共同體商標條例第71條，規定團體商標章使用規範書之內容及其修改，應予以公告，且使用規範書註冊後之修改，應向商標專責機關申請核准並公告，否則不生效力。

## 第 90 條 （團體商標之使用）【原第77條修正】

團體商標之使用，指團體或其會員依團體商標使用規範書所定之條件，使用該團體商標。

### ※ 說明

一、條次變更。

二、配合修正條文第88條第1項之修正，酌作修正。團體商標之使用，係經由團體商標權人或其會員，依團體商標使用規範書所規定之條件，將該團體商標用於商品、與服務有關之物品、商品或服務有關之商業文書或廣告等行為，應適用修正條文第5條之規定，併予說明。

## 第 91 條 （準用條款）【新增】

第82條第2項、第3項及第84條規定，於產地團體商標，準用之。

### ※ 說明

一、於申請產地團體商標時，於申請人之代表性有疑義時，亦得向商品或服務之中央目的事業主管機關徵詢意見，及依與貿易有關之智慧財產權（TRIPS）協定第24條第9項規定原產國不受保護，會員國並無保護義務等之適用，故明定準用之規定。

二、產地團體商標若由產地名稱所組成，亦得排除修正條文第

29條第1項第1款規定，又產地團體商標所欲保護者為產地名稱，故亦無聲明不專用之必要，另單純地理名稱雖經註冊取得產地團體商標權，亦不得禁止第三人以符合商業交易習慣之誠實信用方法，作為商品或服務產地說明之自由使用權益，因此參考英國商標法附則一團體商標第3條、德國商標法第99條、100條及2009年2月26日歐洲共同體商標條例第66條第2項，增訂準用之規定。

## 第 92 條　（移轉授權之禁止與例外）【原第78條】

　　證明標章權、團體標章權或團體商標權不得移轉、授權他人使用，或作為質權標的物。但其移轉或授權他人使用，無損害消費者利益及違反公平競爭之虞，經商標專責機關核准者，不在此限。

### ※ 說明

　　一、證明標章之申請人需具有證明他人商品或服務之能力，並嚴格監督控制證明標章之使用；又團體標章係表彰團體組織或會員之會籍，具有身分表徵意義；團體商標則為團體會員所共同使用，前述三種商標種類權利之行使，與商標權人本身的能力或身分具有相當密切之結合關係，不宜任意使之分離，故原則上不得移轉及授權他人使用。又質權之行使乃在拍賣質權標的物，依前述該等標章、商標之性質誠不宜為質權標的物，以免影響已在使用證明標章之人或團體成員的權益。

　　二、又證明標章權、團體標章權及團體商標權之移轉、授權以

「無損害消費者利益及違反公平競爭之虞」，並「經商標專責機關核准」為限。商標專責機關的核准是移轉、授權行為的生效要件，未經商標專責機關的核准，當事人間的移轉、授權行為並不會發生效力。這不同於一般商標權移轉、設質、授權，即使沒有向商標專責機關申請移轉、質權、授權之登記，仍不影響當事人間的法律行為，只是不能發生對抗第三人的效力。

### 第 93 條 （註冊之廢止）【原第79條修正】

證明標章權人、團體標章權人或團體商標權人有下列情形之一者，商標專責機關得依任何人之申請或依職權廢止證明標章、團體標章或團體商標之註冊：

一、證明標章作為商標使用。

二、證明標章權人從事其所證明商品或服務之業務。

三、證明標章權人喪失證明該註冊商品或服務之能力。

四、證明標章權人對於申請證明之人，予以差別待遇。

五、違反前條規定而為移轉、授權或設定質權。

六、未依使用規範書為使用之管理及監督。

七、其他不當方法之使用，致生損害於他人或公眾之虞。

被授權人為前項之行為，證明標章權人、團體標章權人或團體商標權人明知或可得而知而不為反對之表示者，亦同。

## ※　說明

一、條次變更。

二、原條文將廢止證明標章、團體標章或團體商標之權責規定與廢止事由分項規定，實則可合併為一項規定。因此將原條文第1項及第2項合併規定第1項。

三、商標專責機關得依任何人之申請或依職權廢止證明標章、團體標章或團體商標註冊之事由，除包括不當使用證明標章、團體標章或團體商標，致生損害於他人或公眾者外，尚包括其他事由，例如證明標章權人從事其所證明商品或服務之業務等，因此第2項酌作修正如下：

（一）第1款修正。原條文第2項第1款之文義應為證明標章作為商標使用樣態之一，應可為「證明標章作為商標使用」之含義所涵蓋，因此將「或標示於證明標章權人之商品或服務之相關物品或文書上」等文字刪除。

（二）原條文第2項第2款規定之情形，已可透過修正條文第94條準用修正條文第63條第1項第5款規定加以適用，因此予刪除。

（三）增訂第2款。依修正條文第81條第2項規定，證明標章之申請人如從事於欲證明之商品或服務之業務者，本不得申請註冊。因此參考英國商標法附則二證明標章第15條第a款之規定，增訂證明標章權人違反限制規定，亦構成廢止證明標章註冊之事由。

（四）增訂第3款。為確保證明標章證明之功能，因此參考英國商標法附則二證明標章第15條第e款之規定，增訂證明標章權人喪失證明該註冊商品或服務之能力時，亦構成廢止證明標章註冊之事由。

（五）增訂第4款。為確保證明標章證明之功能，因此增訂證

明標章權人對於申請證明之人，予以差別待遇，亦構成廢止證明標章註冊之事由。

（六）第5款由原條文第2項第3款移列，並酌作文字修正。

（七）第6款由原條文第2項第4款移列。為避免誤解係指經同意使用之人違反使用規範，因此酌作文字修正。

（八）第7款由原條文第2項第5款移列，其所規範者，非以發生實害為前提，因此增加「致生損害於他人或公眾之虞者」等文字，以資明確。

四、增訂第2項。第1項所定違法使用之情形，若係被授權人所為，於證明標章權人、團體標章權人或團體商標權人明知或可得而知而不為反對之表示時，商標權人即屬可歸責，應廢止其註冊。

---

## 第 94 條 （準用條款）【原第80條】

證明標章、團體標章或團體商標除本章另有規定外，依其性質準用本法有關商標之規定。

---

### ※ 說明

條次變更，條文內容未修正。

### ※ 司法暨行政實務見解

(93)智商0941字第938028990號函

關於目前有使用「〇〇米」字樣的包裝品牌是否禁止繼續使用及有無特殊規定之疑義乙節。按證明標章權人對於侵害其證明標

章權者，得請求損害賠償，並得請求排除其侵害；有侵害之虞者，得請求防止之，為商標法第80條準用第61條第1項之規定。查「○○米」標章業經○○縣○○鄉公所註冊取得註冊第00號及第00號證明標章權，若未經其同意私自使用者，得依商標法第7章規定請求權利侵害之救濟。但如有商標法第80條準用第30條第1項規定之情形者，得個案舉證作為排除侵權之抗辯，惟事屬法院依職權就個案具體事證加以判定範疇。

# 第4章　罰則

## 第 95 條　（商標侵害刑事責任）【原第81條修正】

　　未得商標權人或團體商標權人同意，為行銷目的而有下列情形之一，處3年以下有期徒刑、拘役或科或併科新臺幣20萬元以下罰金：

　　一、於同一商品或服務，使用相同於註冊商標或團體商標之商標者。

　　二、於類似之商品或服務，使用相同於註冊商標或團體商標之商標，有致相關消費者混淆誤認之虞者。

　　三、於同一或類似之商品或服務，使用近似於註冊商標或團體商標之商標，有致相關消費者混淆誤認之虞者。

### ※　說明

　　一、本法刑事處罰之對象，並不包括單純購買之消費行為，因此於序文增列「為行銷目的」等文字，以為限縮適用範圍。

　　二、第1款至第3款酌作文字修正，以資明確。

### ※　案例事件

#### 「e喝水」形似「多喝水」？不起訴

新營馮姓飲用水業者委託某業者代工生產瓶裝包裝水「e喝

水」，自96年11月開始在外販售，因為外觀頗似味丹公司生產的暢銷產品「多喝水」，味丹公司認為馮某已涉嫌違反商標法第81條第3款之侵害商標權而提出告訴。但檢方認為，判斷商標是否相近，應該以商標圖樣整體觀察，兩者雖都由3個字組成，但「e」和「多」，一個是英文，一個是中文，讀音也不同，「喝水」兩字的筆劃亦略有差異，縱使同時展示兩種瓶裝水，消費者仍可一眼看出不同，因此應未構成「近似而有致相關消費者混淆誤認之虞」，予以不起訴處分。【引自2010-08-03/自由時報】

### 冰館打贏商標權

知名剉冰店「冰館」指摘另一家同業「台北冰館國際行銷公司」學他們用「冰館」二個字，因此控告對方侵權。台北地檢署認為「台北冰館」的商店名稱、招牌、員工制服、識別標誌甚至網站等同一服務內容，使用與「冰館」註冊有案的文字圖樣，已造成消費者混淆、誤認，觸犯商標法第81條第3款「侵害他人商標專用權」罪，遂起訴「台北冰館」負責人。【引自2005-08-24/聯合晚報/12版/萬象】

### ※ 司法暨行政實務見解

### 司法院釋字第594號解釋

商標權為財產權之一種，依憲法第15條之規定，應予保障。又商標或標章權之註冊取得與保護，同時具有揭示商標或標章所表彰之商品或服務來源，以保障消費者利益，維護公平競爭市場正常運作之功能。中華民國82年12月22日修正公布之商標法第77條準用第

62條第2款規定，旨在保障商標權人之權利，並避免因行為人意圖欺騙他人，於有關同一商品或類似商品之廣告、標帖、說明書、價目表或其他文書，附加相同或近似於他人註冊商標圖樣而陳列或散布，致一般消費者對商品或服務之來源、品質發生混淆誤認而權益受有損害，故以法律明定之犯罪構成要件，處行為人3年以下有期徒刑、拘役或科或併科新台幣20萬元以下罰金，符合法律明確性之要求，且為保障商標權人權利、消費者利益及市場秩序所必要，並未牴觸憲法第23條規定，與憲法第8條、第15條保障人民身體自由及財產權之意旨，尚無違背。

### 臺灣高等法院93上易3452號判決

被告行為後，商標法業於民國92年4月29日經立法院三讀通過，同年5月28日總統令修正公佈，自公佈日起6個月後即同年11月28日施行，原商標法第62條「意圖欺騙他人，有左列情事之一者，處3年以下有期徒刑、拘役或科或併科新臺幣20萬元以下罰金。一、於同一商品或類似商品，使用相同或近似於他人註冊商標之圖樣者。二、於有關同一商品或類似商品之廣告、標帖、說明書、價目表或其他文書，附加相同或近似於他人註冊商標圖樣而陳列或散布者。」，條次變更為第81條，文字修正為「未得商標權人或團體商標權人同意，有下列情形之一者，處3年以下有期徒刑、拘役或科或併科新臺幣20萬元以下罰金：一、於同一商品或服務，使用相同之註冊商標或團體商標者。二、於類似之商品或服務，使用相同之註冊商標或團體商標，有致相關消費者混淆誤認之虞者。三、於同一或類似之商品或服務，使用近似於其註冊商標或團體商標之商標，有致相關消費者混淆誤認之虞者。」兩者法定本刑均相同，比

較新舊法並無有利不利之問題，爰依裁判時新修正之商標法第81條處斷。

### 臺灣高等法院92上訴3294號判決

商標法在被告行為後，於民國92年4月29日經立法院三讀通過，同年5月28日總統令修正公佈，自公佈日起六個月後即同年11月2日施行，原商標法第62條第1款「意圖欺騙他人於同一商品商品，使用近似於他人註冊商標之圖樣」，條次變更為第81條第3款，修正為「未得商標權人同意，於同一之商品，使用近似於其註冊商標，有致相關消費者混淆誤認之虞者。」法定刑均為「處3年以下有期徒刑、拘役或科或併科新臺幣20萬元以下罰金」，而新法增訂「未得商標權人同意」及「有致相關消費者混淆誤認之虞」之限縮條件，比較新舊法，以新法較有利於被告，依刑法第2條第1項前段，應適用修正後之商標法處斷。

### 臺灣士林地院92自137號判決

按商標法於民國92年5月28日修正公布，並於被告行為後即同年11月28日 生效，就自訴人起訴被告所犯商標法第62條第1款之罪名，修正前規定：「意圖欺騙他人，於同一商品或類似商品，使用相同或近似於他人註冊商標之圖樣者」；修正後商標法第6條已規定為行銷之目的，將商標用於商品、服務或其有關之物件，或利用平面圖像、數位影音、電子媒體或其他媒介物足以使用相關消費者認識其為商標者，均屬商標之使用，故就上開修正前第62條第1款之條文為文字修正，移列為第81條第1款：「未得商標權人或團體

商標權人同意，於同一之商品或服務，使用相同之註冊商標或團體商標。」修正前後不同之處，在於新法刪除「意圖欺騙他人」之構成要件，然商標法關於擅自使用他人商標權之處罰，本質上即含有欺騙他人之意思，故新法刪除「意圖欺騙他人」之主觀要件，乃因該罪之本質使然，是修正條文較修正前並無不同，依刑法第2條本文之規定，本件應全部適用修正後之新法，合先敘明。

### 最高法院91年台上字第7225號判決

按商品之廣告、標帖、說明書、價目表屬私文書之一種，如意圖欺騙他人，於同一商品或類似商品，使用相同或近似於他人註冊商標之圖樣，同時偽造其廣告、標帖、說明書、價目表或其他文書附於偽冒之商品而行使，關於偽造之廣告、標帖、說明書、價目表或其他文書部分，仍屬行使偽造私文書之行為。至商標法第62條第2款所謂「於有關同一商品或類似商品之廣告、標帖、說明書、價目表或其他文書，附加相同或近似於他人註冊商標圖樣而陳列或散布」，則指該商品之廣告、標帖、說明書、價目表或其他文書非出於偽造，僅於其上附加相同或近似於他人註冊商標圖樣之情形者而言。

### 臺灣高等法院88年上易字第804號判決

被告蘇○隆地使用「正○堂金園」圖樣作為服務標章，是在「金○」服務標章期滿或消滅之後，應無侵犯原「金○」服務標章之專用權。又被告於申請以「正○堂金○」商標登記之初，曾諮詢專業代理人，結果被認與「金○」服務標章不同，因而採信其說而

提出申請。又欲成立商標法第77條、第62條第1款之罪，需符合以下要件：一、需行為人有欺騙他人之意圖；二、需使用相同或近似於他人註冊商標（服務標章）圖樣之行為。又被告其於申請以「正○堂金○」商標登記之初，曾諮詢專業代理人即清華國際專利商標事務所負責人張中州之意見。則一般商標專業代理人經過研究分析後，尚且認為使用「正○堂金○」圖樣不致侵害告訴人之服務標章，又如何期求非有商標專業知識之被告能有是否仿冒告訴人商標之認識？而「金○」二字無法成立為「相關大眾」所共知之表徵，尚難令一般民眾將「金○」二字即與排骨販售劃上等號，此亦有行政院公平交易委員會87公處字第166號處分書在卷為證，是被告所辯因信賴商標專業代理人之意見，而使用「正○堂金○」圖樣，並無欺騙他人之意圖，應屬合理可信。

### 臺灣高等法院臺南分院88年上訴字第594號

核被告所為，係犯商標法第62條第1款之於類似商品使用近似於他人註冊商標之圖樣之罪。按所謂商標之使用，係指將商標用於商品或其包裝或容器之上，行銷國內市場或外銷者而言，商標法第6條第1項定有明文。所稱商標之使用，既有行銷市面之意，是於同一商品，使用近似於他人註冊商標之圖樣，進而販賣仿冒近似商標之商品者，要無再成立同法第63條之販賣仿冒商標商品之罪，併予敘明。

### 臺灣新竹地方法院90年易字第754號判決

被告雖否認有侵害商標權之犯行，辯稱「龍口」係地名，業界

都有在使用，告訴人所取得之商標權並不合理云云。惟查：「龍口」係經告訴人註冊之商標圖樣，有中央標準局商標註冊證附於偵查卷第6頁為憑，且被告自承知悉83年間商標評定之行政訴訟、也有收到民國86年3月25日之存證信函律師函，而告訴人所註冊之前開商標已廣為一般消費大眾所熟知，已足堪認定係相關大眾所共知之表徵是本案事證已臻明確，被告犯行洵堪認定，自應依法論處。查被告意圖欺騙他人，於同一商品，使用相同於他人註冊商標之圖樣，並販賣圖利，核其所為，係犯商標法第62條第1款之侵害他人商標權罪。

### 台北地方法院92年度易字第2198號判決

查被告犯罪後，商標法業於92年5月28日修正公布，同年11月28日施行，原商標法第62條第1款關於於同一商品使用近似於他人註冊商標圖樣行為，業已修正為新法第81條第3款，雖新法將該罪之構成要件改以「有致相關消費者混淆誤認之虞」等客觀情事，而刪除舊法「意圖欺騙他人」之主觀要件，然新法既以客觀情事來擴張該罪之可罰性，則新法認定範圍自包括舊法「意圖欺騙他人」等要件，則被告授權他人使用近似商標圖樣之系爭圖樣，其行為均該當行為時及裁判時之商標法，經比較新舊法，兩者刑度相同，依刑法第2條第1項前段規定，自應適用新法，核被告所為，係犯新修正商標法第81條第3款之於同一商品使用近似他人註冊商標罪。

### 臺灣高等法院93上易948判決

新法刪除「意圖欺騙他人」之構成要件，增加「有致相關消費

者混淆誤認之虞」之構成要件，然商標法關於擅自使用他人商標權之處罰，本質上即含有欺騙他人之意思，故新法刪除「意圖欺騙他人」之主觀要件，乃因該罪之本質使然，是修正條文較修正前增加「有致相關消費者混淆之虞」之客觀要件，有利於被告，故本件應全部適用修正後之新法。

### 臺灣高等法院91年上易字第1083號判決

商標法所稱商標之使用，係指為行銷之目的，將商標用於商品或其包裝、容器、標帖、說明書、價目表或其他類似物件上，而持有、陳列或散布，商標法第6條第1項定有明文。商標權人申請時既不得取得立體商標之權利，自無從於取得商標權後就此予以保護，已如前述。因此，前述商標之「使用」，亦僅限於平面之使用，而未包含將商標立體化之情形。又商標法第63條乃刑罰之規定，自受刑法第1條罪刑法定主義之限制。在罪刑法定主義下，對被告不利之「類推適用」係屬禁止事項。故若將他人之商標製成立體商品解釋為「使用」商標權人之商標，顯然逾越權利保護範圍，而屬不利被告之「類推適用」，自應予以禁止。

### 臺灣基隆地方法院91年度易字第144號判決

本案之關鍵在於「商品化權」（Merchandising Right）是否適用商標法保護之問題。按為販賣商品及提供服務而有利用角色名稱（Character）、標題、形象（Symbol）或人名等作為媒介之權利，即稱之「商品化權」。而將卡通角色（例如大力水手-POPEYE）做成立體產品，亦即將卡通角色予以立體化，甚難將利用卡通角色之

成果與商品自身相分離，因此亦屬「商品化權」之討論範圍。然亦有將「商品化權」即直接定義為在戲劇、小說、電視、電影等媒體出現之角色（例如米老鼠、加菲貓、史奴比等），無論其係實際存在或因想像而存在，將之製成立體產品，以強化商品之宣傳廣告力及對顧客之吸引力，亦即將角色加以商品化。有此種將角色製成立體之產品而商品化之權利，稱之為「商品化權」。無論上述何種定義，將角色製成立體產品加以輸入、販賣，均係「商品化權」亟需討論之範圍殆無疑義。本院認上開所指「商品化權」，並不適用商標法予以保護，理由如下：商標是營業者為識別自己和他人之商品而使用之標識，此種具有商品識別作用之標識，即為商標本來之功能。我國商標法上識別性（Distinctiveness）是制定商標是否符合註冊要件或權利保護要件之核心。商標既重在識別機能，而角色（Character）雖與商標同樣使用於商品上，然其所著眼者係於商品之宣傳力及對顧客之吸引力。就此而言，其與商標係屬不同概念。對此種角色名稱亦以商標法加以保護，不無逸脫商標法之目的。商標法第5條所定商標之定義，係包含文字、圖形、記號、顏色組合或其聯合式，是商標僅及於二度空間平面上之文字圖樣，並未包含立體容器之外觀或造型包裝（台灣高等法院89年度上易字第206號刑事判決同此見解）。

### 臺灣高等法院91年度上易2805 判決

按商標法第5條規定：「商標得以文字、圖形、記號、顏色、聲音、立體形狀或其聯合式所組成。前項商標，應足以使商品或服務之相關消費者認識其為表彰商品或服務之標識，並得藉以與他人之商品或服務相區別。」，雖就得申請做為商標者，僅限於文

字、圖形、記號、顏色組合或其聯合式之平面圖樣，不包括「立體商標」，然此係因行政審查作業為顧及審查程序與公告之書面性、抽象性、簡便性、行政體系負荷可能等等因素，暫不容許商標權人將所有商標以立體呈現之型態註冊，此由司法院民國28年4月21日咨行政院之院字第1876號解釋謂：「如紙造或絹製花枝為商標，其商標之形狀、位置、排列、顏色，殊難保其永久確定不變」等語，得到證明，是申請做為商標者，僅限於文字、圖形、記號、顏色組合或其聯合式之平面圖樣，不包括「立體商標」，乃為避免商標「形狀、位置、排列、顏色」之改變，但並未禁止商標之立體使用。又商標法並未於行政技術上尚未開放「立體商標註冊」時，禁止平面商標圖樣保護及於「商標商品化」、「立體化商品」；按商標法上「使用」一詞，散見於各條文中，其意義實非一致，商標法第6條所謂之商標使用，乃指商標之正當使用而言，商標權人應如何將其產品行銷市面，以免因「未使用」遭撤銷，與商標法第62條第1款所規定「使用他人商標之處罰」，處罰侵害他人商標權之不正當使用，其意義不可強其一致。換言之，縱使商標法申請登記暫不開放立體商標之註冊，亦不可當然認為將已註冊之商標圖樣立體化後，不受商標法之保護，蓋如何申請商標權與商標權之保護範圍係屬二不同層次之觀念。又商標之功能，在於表彰商品之來源及保證商品之品質，而商標法所稱之「商標使用」，係指為行銷之目的，將商標使用於商品或其包裝、容器等物件上，而持有、陳列或散布，商標法第6條規定甚明。又依商標法施行細則第15條規定：「商標圖樣之近似，以具有普通知識經驗之一般商品購買人，於購買實施以普通所用之注意，有無混同誤認之虞判斷之」，商標法第62條規定之「近似他人商標圖樣」之侵害態樣，當然包括侵害

商標商品化或立體化商品，以保障商標權及消費者利益。此不僅合於商標法之文義解釋、歷史解釋與比較法解釋，亦符合人民之感情期待與法律常識。本案扣案如附表二所示之有關之商品即與附表一所示之「Hello Kitty」、「My Melody」、「POCHACCO」、「MINNA NO TABO」、「KEROKEROKEROPPI」、「BAD BADTZ—MARU」、「LITTLE TWIN STAR」、「SANRIO」商標圖樣近似，此為原審勘驗屬實，並有照片在卷足憑，顯見該扣案之有關之商品已使用該告訴人取得專用之「Hello Kitty」、「My Melody」、「POCHACCO」、「MINNA NO TABO」、「KEROKEROKEROPPI」、「BAD BADTZ— MARU」、「LITTLE TWIN STAR」、「SANRIO」商標圖樣，按只要該表徵足以使一般商品購買人認識其為表彰商品之表徵，並得藉以與他人商品相區別，並作為營業上商品之識別標識（參照商標法第5條）即可，並未限定「平面」使用，或限定於「平面繪製」之樣，是被告所辯：告訴人並未就立體造型享有商標權，難謂被告所販賣之立體商品，為使用他人商標之商品云云，顯非可採。

### 最高法院82年度台上字第 5380 號判決

商標權人於產銷附有其已註冊商標圖樣之商品，常借助其代理商、經銷商，或一般之進出口貿易商、批發商、零售商等中間銷售商，方能售達消費者手中，形成一整體之產銷商業行為，而商標權人，每為維護其商譽，復常約束其所特別指定之代理商或經銷商，負有對消費者保證商品之來源、品質，及未逾有效期限，與良好售後服務等義務，此等代理商及經銷商，自非其他中間銷售商所能擅自冒名使用。故在不違背商標法之立法本旨範圍內，應認為商標

權人為達銷售商品之目的，於產銷其附有商標圖樣之商品時，除其指定之代理商、經銷商外，亦已概括授權一般進出口商、批發商、零售商等其他中間商，在不致使消費者發生混同，誤認為該商品之製造商、出品人，或其指定之代理商、經銷商之前提下，得原裝轉售商品，並得以為單純商品之說明，適度據實標示該商標圖樣於商品之廣告、標帖、說明書、價目表等文書上，使消費者足以辨識該商品之商標。揆之同一法理，「真正商品平行輸入」之進口商，對其輸入之商標權人所產銷附有商標圖樣之真正商品，苟未為任何加工、改造或變更，逕以原裝銷售時，因其商品來源正當，不致使商標權人或其授權使用者之信譽發生損害，復因可防止市場之獨占、壟斷，促使同一商品價格之自由競爭，消費者亦可蒙受以合理價格選購之利益，在未違背商標法之立法目的範圍內，應認已得商標權人之同意為之，並可為單純商品之說明，適當附加同一商標圖樣於該商品之廣告等同類文書上；反之，倘非原裝銷售，擅予加工、改造或變更，而仍表彰同一商標圖樣於該商品，或附加該商標圖樣於商品之廣告等同類文書加以陳列或散布之結果，足以惹使消費者發生混淆、誤認其為商標權人或其授權之使用者、指定之代理商、經銷商時，自屬惡意使用他人商標之行為，顯有侵害他人商標權之犯意，應依其情節，適用商標法之刑罰規定論處。

## 最高法院81年度台上字第 2444 號判決

按真正商品之平行輸入，其品質與我國商標使用權人行銷之同一商品相若，且無引起消費者混同、誤認、欺矇之虞者，對我國商標使用權人之營業信譽及消費者之利益均無損害，並可防止我國商標使用權人獨占國內市場。控制商品價格，因而促進價格之競爭，

使消費者購買同一商品有選擇之餘地，享受自由競爭之利益，於商標法之目的並不違背，在此範圍內應認為不構成侵害商標使用權。

### (98)智商0390字第09880005150號函

…撤銷商標註冊處分確定前，商標權人如繼續使用該商標，是否侵害他人商標權之疑義，涉及行為人主觀上是否基於行使其合法註冊商標權之確信，而不具商標法第81條構成要件故意之判斷。先前司法實務上有認為：不能以商標處分結果認係近似商標，而據以認定被告有違反商標法之犯行，仍須探究被告有無違反商標法之主觀犯意，苟使用之商標經處分認定為近似商標確定後，仍繼續使用，則可認有違反商標法之主觀犯意，反之，處分在未確定前，信賴自己之商標並非近似商標而繼續使用，僅能認係有無侵權行為之民事糾葛問題，尚難認有違反商標法之主觀犯意者（臺灣高等法院93年度上易字第313號判決、臺灣臺中地方法院93年度易字第2633號判決意旨參照）；亦有認為：主觀犯意可由行為人使用商標或產品包裝近似之程度，或按仿冒商標之商品是否待至將商標申請註冊後方開始販售等客觀事證加以探求，與撤銷商標註冊處分是否確定未必相關，而逕依個案證據資料論罪科刑之案例…

---

### 第 96 條 （商標侵害刑事責任II）【新增】

　　未得證明標章權人同意，為行銷目的而於同一或類似之商品或服務，使用相同或近似於註冊證明標章之標章，有致相關消費者誤認誤信之虞者，處3年以下有期徒刑、拘

役或科或併科新臺幣20萬元以下罰金。

　　明知有前項侵害證明標章權之虞，販賣或意圖販賣而製造、持有、陳列附有相同或近似於他人註冊證明標章標識之標籤、包裝容器或其他物品者，亦同。

## ※ 說明

一、本條新增。

二、原條文有關商標侵權之刑罰規定，並未包括侵害證明標章之情形。鑒於證明標章為證明商品或服務之特性、品質、精密度、產地等事項，本身具有公眾信賴之期待與消費者保護之功能，較一般商標具有更高之公益性質，侵害證明標章權對社會公眾造成之損害較一般商標權為鉅，一般商標侵害尚且有罰則之規定，證明標章遭受侵害時，亦應加以規範，因此於第一項明定。

三、對於明知有前項侵害證明標章權之虞，仍販賣或意圖販賣而製造、持有、陳列附有相同或近似於他人註冊證明標章標識之標籤、包裝容器或其他物品者，其不僅侵害證明標章權，同時亦危及公益，自應加以規範禁止，因此於第2項明定罰則。

## ※ 案例事件

### 商標法修正 加持標章公信力

　　塑化劑風暴持續延燒，台北市政府推動「安心標章」，有別過去產品出問題時只罰製造商，未來張貼「安心標章」的通路商也將一併受罰。台一國際專利商標事務所負責人林景郁表示，「安心標章」是表示通路業者所販售食品經檢驗合格的一種證明，屬於商標

法中「證明標章」的一種態樣。從這次塑化劑事件不難看出，證明標章權受到侵害對社會公眾造成的損害遠較侵害一般商標權大，實在不容小覷。林景郁說，在該修正草案通過後，無論是目前台北市政府正推動的安心標章，或是其他相關的食品安全認證標章，在提出申請並獲准註冊為證明標章後，將更具公信力，如假冒已獲准的證明標章將會受到處罰。【引自2011-06-25/經濟日報/B4版/稅法天地】

---

### 第 97 條　（商標侵害刑事責任III）【原第82條修正】

　　明知他人所為之前二條商品而販賣，或意圖販賣而持有、陳列、輸出或輸入者，處一年以下有期徒刑、拘役或科或併科新臺幣5萬元以下罰金；透過電子媒體或網路方式為之者，亦同。

---

### ※ 說明

一、條次變更。

二、本條所欲規範者，為前二條行為主體以外，其他行為人之可罰行為。若本條所列之行為，係由前二條行為主體所實施者，其情形已為前條罪責所涵蓋，並無另行構成本條罪責之餘地。因此增訂「他人所為之」等文字，以資明確。

三、明知為侵害他人商標權之商品，如非以營利販賣意圖而販入（如原以自用目的而販入），或因其他原因而持有（如受贈等），嗣後起意營利販賣者，其行為無法為原條文所列舉之販賣、

意圖販賣而陳列、輸出或輸入之構成要件所涵括，然為避免侵害他人商標權商品於市面散布流通，而侵害商標權人之權益，該等行為亦有處罰之必要，因此增列意圖販賣而「持有」者為處罰之對象，以資明確。

四、目前行銷商品或提供服務之型態日新月異，為因應電子商務及網際網路發達之經濟發展情勢，因此將透過電子媒體或網路方式為本條規範行為者，列為處罰之對象，以遏止侵權商品散布之情形。

### ※ 案例事件

#### 網拍仿冒名牌鑰匙圈 女子遭警查獲

女子某甲日前意圖營利，涉嫌在露天拍賣網站上，公然販售國際知名廠牌香奈兒品牌「鑰匙圈」1個，售價新台幣99元與真品價格新台幣9500元相差甚多，顯然有販售仿冒之嫌，經員警上網標購循線查獲到案，另請臺灣區授權「香奈兒」廠牌代表人檢視係為仿冒品，全案於警訊後，依違反商標法第82條罪嫌移送地檢署偵辦。【引自2011-05-07/真晨報】

#### 陳嫌網路賣仿冒名牌 違反商標法送辦

員警執行網路巡邏時，發現犯嫌陳女意圖營利，於網路公開張貼「LOUIS VUITTON MALLETIER圖樣商標皮包」之文字及圖示訊息，供不特定人士競標，案經偵查發現上揭物品價格明顯低於市價，乃依犯嫌指定帳號下標，再約定寄送該商品，經告訴代理人鑑定後確認該商品一件確屬為仿冒「LV皮包一只」，全案依違反商

標法第82條罪嫌移送偵辦。【引自2011-05-03/真晨報】

### 刑警大隊查獲仿冒知名墨水

　　高雄縣政府警察局刑事警察大隊破獲位於高雄縣鳳山市某資訊用品社專門仿冒製造「惠普」（HP）各式墨水匣販售給一般民眾或民間企業公司、商店使用。警方表示，販售仿冒品之行為，除將依違反商標法第82條處1年以下有期徒刑、拘役或科或併科新臺幣5萬元以下罰金外，另商標權人得請求侵害商標權商品之500至1500倍之金額。【引自2010-12-09/民眾日報】

### 不知贈禮是假包 轉賣挨告

　　98年6月17日張女在網拍上拍賣美國友人贈送的古馳斜背包，警方佯裝成客人詢價，最後以1300元成交，警方將商品送鑑確定是仿品，依商標法將張女法辦。張女辯稱斜背包是美國友人送她的生日禮物，友人從未告知包包真假，一直以為是真品。一審高地方院認為，張女並非「明知」斜背包是仿冒商品還販賣，不構成違反商標法第82條規定，判無罪。高地署不服，向智慧財產法院提起上訴，並出示網拍詢問對話，指出張女從不回答真假問題，拍賣價又不到新品市價一成，極不合情理及不符二手市場交易價格，張女若認定背包為真品，理應提高售價變現，至少也要等到乏人問津，再降低售價，但網拍售價卻定為1200元，可見早已知悉並非真品。然而智財法院法官審理認為，張女背包並無成本問題，且市面上「OUTLET」中心販賣名牌過季商品時，甚至會打3折，再加上包包已使用2年多，價格較一般市價便宜乃理所當然之事。【引自

2010-08-26/自由時報】

### 查獲仿冒名牌背包成衣　市值逾五百萬

基隆關稅局查獲仿冒LOWEPRO名牌背包及UNION BAY、GAP、ENERGIE等名牌成衣3,000多件，市價超過新臺幣五百萬元，基隆關稅局除了依海關緝私條例第39條之1規定處貨價1倍至3倍之罰鍰並沒入其貨物外，因涉及侵權，將依違反商標法第82條規定，函送司法機關偵辦。【引自2008-07-23/中華日報】

### ※ 司法暨行政實務見解

### 智慧財產法院 98 年度刑智上易字第 62 號刑事判決

被告於96年8 月間中旬某日，販入侵害金○公司商標權之高梁酒共4 箱，再於96年9 、10月間某日，出售前開侵害商標權之58度600 毫升高梁酒1 箱、38度600 毫升高梁酒1 箱予曾○德，復於96年10、11月間某日出售前開侵害商標權之58度750 毫升高梁酒2 瓶予邱○敏，皆出於被告之一個犯意決定，且客觀上，其販入、售出侵害商標權商品之行為，係在密集期間內以相同之方式持續進行，未曾間斷，具有反覆、延續實行之特徵。再觀諸商標法第82條之非法販賣侵害商標權之商品罪之構成要件文義，得憑以認定立法者本即預定該犯罪之本質，必有數個同種類行為而反覆實行之集合犯行。故被告多次其販入、售出侵害商標權之高梁酒之舉措，應評價認係包括一罪之集合犯。關於被告於96年10、11月間某日，出售侵害商標權之58度750 毫升高梁酒2 瓶予邱○敏部分，雖未經檢察官提起公訴，惟此部分與前開有罪部分有集合犯之實質上一罪關係，為起

訴效力之所及，本院自得予以審究。

### 臺灣士林地方法院刑事判決93年度易字第274號判決

按商標之作用，乃在表彰商標權人所生產、製造、加工、揀選、批售或經紀商品之來源，使一般購買者認識該商標之商品，並藉以區別該商品之來源及其品質信譽，並使商標權人得因其商標商品，而在同一商品市場上建立其品牌之優越性而獲致應有之利潤，間接促使商標權人願投入更多經費與人力從事研究發展，因之商標法第82條，乃係對於侵害他人商標權之行為，所為之處罰規定，依該條款之規定係以：明知於同一商品或類似商品，使用相同或近似於他人註冊商標之圖樣而販賣者，為其犯罪構成要件，易言之，行為人主觀上必需具有故意之不法意圖，而其客觀上則必需於同一商品，使用「相同」或「近似」於他人註冊商標之圖樣者，始足該當。而條文所稱「相同」商標，係指與他人註冊商標完全相同，並無疑義，而所稱「近似」則以所使用之商標，足使一般人對該商品之來源與信譽發生混淆者，始足當之，至是否構成「近似」，應異時異地通體觀察，不得僅以對照比較為判斷之標準，故縱令兩商標對照比較，能見異同，然隔離觀察其總體或主要部分，如不足以引起混同誤認之虞者，即非屬近似。

### 臺灣高等法院臺中分院91年上易字第1674號

按商標法對於侵害他人商標權之行為，固設有處罰之規定，惟「在他人申請商標註冊 前，善意使用相同或近似之商標圖樣於同一或類似之商品，不受他人商標權之效力所拘束，但以原使用之商

品為限；商標權人並得要求其附加適當之區別標示。」為商標法第23條第2項所明定，其立法意旨為在他人申請商標註冊前，善意使用相同或近似之商標圖樣於同一或類似之商品者，其善意先使用該商標之權益應予保障，故於原使用之商品，不論已製造或未製造者，仍可繼續使用該原使用之商標，不受他人商標權之效力所拘束。

### 臺灣高等法院90年上易字第3265號判決

被告所使用之「青年中○晨報」字樣與告訴人使用之「中○晨報」、「少年中○晨報」服務標章，雖然筆墨字跡略有些微差異，惟均係以粗楷毛筆書寫打印，且作為主要識別部分之「中○晨報」字形亦相若，「青年」或「少年」兩字雖以較小字體橫列於「中○晨報」四字之上，具有普通知識之商品購買人，施以一般之注意，於異時易地為隔離及通體之觀察，仍不免誤認該三份報紙之來源相同，而有混同誤認之虞，其構成近似之行為，足堪認定。又查「青年中○晨報」等文字顯非表示報紙商品之名稱、形狀、品質、功用、產地或商品說明，其與「青年中○晨報社」等字相較，因未註記「社」字，顯難認係表示「青年中○晨報社」商號之名稱；況被告將「青年中○晨報」字樣印製於報紙商品之頭版右上角，依報紙商品之性質、市場交易習慣，應係做為商標使用，被告辯解內容亦表示該等字樣係做為商標使用無誤；且被告早於77年間，即已知悉他人發行「中○晨報」、「少年中○晨報」，故亦難謂所為係基於善意，其辯稱善意使用「青年中○晨報」文字云云，不足採信。

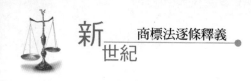

### 臺灣高等法院89年上易字第2491號判決

被告先後多次仿製他人之商標圖樣於商品上，顯見其有意圖欺騙他人而混淆大眾視聽，而非以其事後所販售之價格而為認定其有無欺騙他人意圖之依據。是被告縱然如其所辯事後實際上以較低價格將上開仿冒之球具出售於他人，亦不影響被告於使用上開仿冒商標而有欺騙他人之不法意圖至明。

### 臺灣高等法院88年上易字第919號判決

被告接受告訴人訂單以來，係認知該商標屬外國原客戶新加坡和美公司及其子公司印尼 PT. PANCAR公司所有，而委託台灣代工廠製造商品回銷印尼。被告對於告訴人於接受外國商標權人訂單後，竟在國內註冊該商標乙事，並不知悉。且因被告自始僅認知該商標為國外客戶所擁有，而受託代工製造指定之商品「回銷」國外，被告係「代工廠」，未於國內行銷商品，被告無任何侵害他人商標權，或故以低劣之假品混淆真品於國內行銷而欺騙國內消費者之犯意，不構成商標法第62條所定「意圖欺騙他人」之要件。且縱認被告就未能查閱商標公報乙節難卸過失之責，然揆諸商標法第62條並不罰及過失犯，被告亦不該當該條罪責。

### 臺灣高等法院臺中分院87年上易字第3509號判決

核被告前揭明知為於同一商品，使用相同於他人註冊商標圖樣之商品，而予以販賣之行為，係犯商標法第63條之罪。因上開仿冒之商標圖樣，係被告所購買，並非被告意圖欺騙他人所仿冒，是尚難就被告論以商標法第62條之罪。被告所為多次犯行，時間接近，

手段相似，係基於概括之犯意反覆而為，且觸犯構成要件相同之罪名，為連續犯，應依刑法第56條論以一罪，並加重其刑。

## 臺灣桃園地方法院88年訴字第899號判決

張○民明知向姓名年籍不詳綽號「阿壽」之成年男子，以每片新台幣 30元之價格購入之光碟片封盒上印有新○公司、西○公司之名稱、商標及條碼之仿冒新○公司及西○公司所享有商標權之電視遊樂器程式之遊戲光碟片，係意圖欺騙他人，未經新○公司及西○公司授權或同意於同一商品上仿冒製造使用相同於上開註冊商標之圖樣之商品，張○民、蕭○志、林○偉竟共同基於意圖營利之概括犯意聯絡，將該等光碟片再以每片新台幣50元之價格連續出售予不特定之人賺取差價牟利。而與新○公司及西○公司之前開「Play Station」、「PS設計圖」、「SEGA」之商標，為相同之使用，致與新○公司及西○公司所產銷之真品相混淆，足以生損害於新○公司及西○公司。本件被告所販售之前開仿冒光碟片之外包裝或光碟片均無如新○公司及西○公司之名稱、前揭商標圖樣及條碼等字樣，由外觀上視之，不論光碟片本身或外包裝，均未標示任何商標，且外觀印刷及包裝均甚粗糙，顯無使人混同誤認扣案之盜版光碟乃係正廠產品之虞而有藉此搭售自己產品之目的。按商標法第62條、第63條由體係解釋觀之，具有承接之性質，應作綜合解釋，無論係製造、販賣或輸出輸入者，均需主觀上具有使人誤認或混淆不同商品之意圖，始可能符合上開商標法之罪。按刑法處罰偽造文書罪之主旨，所以保護文書之實質的真正，故不僅作成之名義人需出於虛捏或假冒，即文書之內容，亦必出於虛構，始負偽造文書之責，換言之所謂『偽造』必需文書之名義人非屬真正，同時內

容亦欠真實性，始足當之。前揭盜版遊戲光碟之所以出現「SEGA及圖」、「SONY及圖」等商標及「PRODUCED BY OR UNDER LICENSE FORM SEGAENTERPRISES,LTD.」、LICENSED BY SONY COMPUTER ENTERTAINMENT INC.」等英文字影像，實係在「重製」前開告訴人公司所產製之遊戲光碟片時，因技術之不足或成本之考量，未將真品光碟片原儲存之商標及授權文句除去之結果，即仿冒之光碟片僅係在重製原版光碟片時照單全收其內所儲存之商標、文字及遊戲內容，顯與偽造文書之文書內容需出於虛構之要件不相符合。於電視螢幕上出現之商標、英文名稱及授權字句，係被告先將光碟片售予不特定購買者，該顧客事後再透過主機執行光碟片內儲存之程式始得表現於電視螢幕上，並非被告於販售前開盜拷軟體於顧客時所提出主張而發生，是被告於交易過程中，對於該等商標、公司名稱、授權字樣並未對顧客為任何主張之「行使」之意思傳達。客觀上，販售者對外默示傳達之訊息僅為其所販售之光碟片乃便宜的盜版貨而言；而購買者對其所購得之粗糙之包裝及新台幣50元低價之光碟片並非真品而係盜拷軟體之情亦知之甚詳，自不足以造成消費者誤認該軟體係原產製公司之真品光碟片而為文書之交易。

### 臺灣台北地方法院89年易字第1665號

按所謂販賣者，本不以販入之後復行賣出為必要，苟係以營利為目的販入或賣出，有一及此，犯罪即屬成立，查被告張○復既係以營利為目的向姓名年籍不詳之成年男子販入該批手錶，所為仍屬販賣既遂，尤見被告所辯尚未賣出一節，並無礙其犯罪之成立。被告張○復明知係商標法第62條第1款所規定為意圖欺騙他人，於同

一商品使用近似於他人註冊商標之圖樣之商品而販賣，核其所為，係犯商標法第63條之販賣仿冒商標商品罪。

### 臺灣高等法院92年度上訴字第4468號判決

法人之負責人因執行業務而侵害他人之權利，如係親自參與或知情而與其他職員合謀實施，對於因此構成之犯罪，固應承擔相關刑事責任。但團體分工在現代企業經營結構中，既為通常可見之社會活動經驗，倘若證明確有逐級授權、分層負責之事實，除法律另因選任監督疏忽而課以過失責任之情形外，不能遽就主觀上所不及知或客觀上所未參與之行為令負刑責。

---

## 第 98 條　（侵權物品之沒收）【原第83條修正】

侵害商標權、證明標章權或團體商標權之物品或文書，不問屬於犯人與否，沒收之。

---

### ※ 說明

一、本條為侵害商標權、證明標章權或團體商標權物品沒收之規定，依原條文之文字，本條所規範之客體是否得單獨宣告沒收，或須主刑成立，即被告成立前2條之罪責，始得為之，司法實務上曾有不同見解。迨至94年2月2日修正公布刑法第40條規定後，實務上仍未有一致之看法。為釐清本條規範之意旨，並杜爭議，因此酌作文字修正。

二、衡酌犯本章之罪所製造、販賣、持有、陳列、輸出或輸入

之商品，或所提供於服務使用之物品或文書，雖非違禁物，然若任令該等物品在外流通，將形成繼續侵害商標權人、證明標章權人或團體商標權人權益並助長他人遂行侵害行為之情形，即應沒收，以防止其再次流入市面，並降低侵害行為再度發生之風險。

## 第 99 條 （當事人資格之特別規定）【原第70條修正】

未經認許之外國法人或團體，就本法規定事項得為告訴、自訴或提起民事訴訟。我國非法人團體經取得證明標章權者，亦同。

### ※ 說明

一、本條為刑事告訴、自訴以及提起民事訴訟之特別規定，原條文將之列於民事權利侵害救濟章，為使體例合理，因此改列於罰則章規定之。

二、依原條文，外國法人或團體無論是否經認許，皆可援引本條為告訴、自訴或提起民事訴訟，另參考專利法第91條設有相同規定，為求智慧財產權法相關規定之一致性，因此酌作文字修正。又依原條文第72條第2項及修正條文第81條第1項規定，證明標章權人不以具法人資格為限。我國非法人團體經取得證明標章者，依法院實務見解，其證明標章權受侵害時，即無法為告訴或自訴尋求救濟，因此增列我國非法人團體經取得證明標章權者，就本法規定事項，得為告訴或自訴，以保障其權益。

# 第 5 章　附則

### 第 100 條　（已註冊服務標章之處理）【原第85條修正】

　　本法中華民國92年4月29日修正之條文施行前，已註冊之服務標章，自本法修正施行當日起，視為商標。

**※ 說明**

一、原條文第1項列為本條文，並酌作文字修正。

二、原條文第2項刪除。按自92年4月29日將服務標章視為商標後，現今已無尚未註冊之服務標章申請案，第2項規定已無必要，因此予刪除。

### 第 101 條　（聯合商標等之處理）【原第86條修正】

　　本法中華民國92年4月29日修正之條文施行前，已註冊之聯合商標、聯合服務標章、聯合團體標章或聯合證明標章，自本法修正施行之日起，視為獨立之註冊商標或標章；其存續期間，以原核准者為準。

## ※ 說明

一、原條文第1項列為本條文，並酌作文字修正。

二、原條文第2項及第3項刪除。按自92年4月29日廢除聯合商標或標章制度後，現今已無尚未註冊之聯合商標或標章申請案，第2項及第3項規定已無必要，因此予刪除。

---

### 第 102 條（防護商標等之處理）【原第87條修正】

本法中華民國92年4月29日修正之條文施行前，已註冊之防護商標、防護服務標章、防護團體標章或防護證明標章，依其註冊時之規定；於其專用期間屆滿前，應申請變更為獨立之註冊商標或標章；屆期未申請變更者，商標權消滅。

---

## ※ 說明

一、原條文第1項列為本條文，並酌作文字修正。

二、原條文第2項及第3項刪除。按自92年4月29日廢除防護商標或標章制度後，現今已無尚未註冊之防護商標或標章申請案，第2項及第3項規定已無必要，因此予刪除。

## 第 103 條 （變更獨立商標起算日）【原第88條修正】

依前條申請變更為獨立之註冊商標或標章者，關於第63條第1項第2款規定之3年期間，自變更當日起算。

### ※ 說明

一、原條文第1項刪除。本法之修正已無本項過渡期間所存在之情形，故無存在之必要，因此予刪除。

二、原條文第2項列為本條文，因引據條文條次已變更，酌作文字修正。

## 第 104 條 （規費之徵收）【原第11條修正】

依本法申請註冊、延展註冊、異動登記、異議、評定、廢止及其他各項程序，應繳納申請費、註冊費、延展註冊費、登記費、異議費、評定費、廢止費等各項相關規費。

前項收費標準，由主管機關定之。

### ※ 說明

一、本條係規定商標各項之申請，應繳納規費，並授權商標主管機關訂定規費數額。基於商標權係特定權利之取得，且各項申請案件，均消耗行政機關人力及物力資源，依規費法規定，各機關應

收取各項規費,以落實「使用者、受益者付費」之公平原則,其規費數額應合理反映公務審查成本及平衡政府財政收支。

二、本次修法第1項酌作修正。明定依本法申請事項包括申請註冊、延展註冊、異動登記、異議、評定、廢止等事項,應繳納之申請費、註冊費、延展註冊費、登記費、異議費、評定費、廢止費等規費。

二、第2項酌作修正。規費收取除金額外,尚有其他配套規定,因此予修正,明定其收費標準,由主管機關定之。

---

## 第 105 條 （分期繳納註冊費之處理）【新增】

本法中華民國100年5月31日修正之條文施行前,註冊費已分二期繳納者,第二期之註冊費依修正前之規定辦理。

---

### ※ 說明

本次修正刪除原條文第26條註冊費,分二期繳納之規定,惟於本法修正施行前,註冊費已分二期繳納者,其第二期註冊費之繳納義務,及未繳納第二期註冊費之法律效果,應依修正前之規定辦理,因此於本條明定之。

## 第 106 條（過渡期審理案件之處理）【原第90條修正】

　　本法中華民國100年5月31日修正之條文施行前，已受理而尚未處分之異議或評定案件，以註冊時及本法修正施行後之規定均為違法事由為限，始撤銷其註冊；其程序依修正施行後之規定辦理。但修正施行前已依法進行之程序，其效力不受影響。

　　本法100年5月31日修正之條文施行前，已受理而尚未處分之評定案件，不適用第57條第2項及第3項之規定。

　　對本法100年5月31日修正之條文施行前註冊之商標、證明標章及團體標章，於本法修正施行後提出異議、申請或提請評定者，以其註冊時及本法修正施行後之規定均為違法事由為限。

### ※ 說明

　　一、第1項酌作修正如下：

　　（一）本法修正施行前已受理之異議或評定案件，於本法施行時尚未處分者，為期達到新法之立法目的，故規定須依註冊時及本法修正施行後之規定均為違法事由，始撤銷其註冊。

　　（二）修正施行前已依法進行之程序，其效力應不受影響，因此增訂但書規定。

　　二、增訂第2項。修正條文第57條第2項及第3項新增應檢附引據商標使用證據及該等證據應符合真實使用等規定，僅適用於本法修正施行後所提出之評定案，對於本法施行前受理之商標評定案

件，無庸依該等條文規定檢附使用證據，因此予明定。

　　三、第3項由原條文第91條第2項移列。對於修正施行前註冊之商標、證明標章及團體標章，明定於本法修正施行後提出異議、申請或提請評定之限制條件，以落實修法意旨，並保障既得權益。

---

### 第 107 條 （過度期廢止案件之處理）【原第92條修正】

　　本法中華民國100年5月31日修正之條文施行前，尚未處分之商標廢止案件，適用本法修正施行後之規定辦理。但修正施行前已依法進行之程序，其效力不受影響。

　　本法100年5月31日修正之條文施行前，已受理而尚未處分之廢止案件，不適用第67條第2項準用第57條第2項之規定。

---

### ※ 說明

　　一、第1項酌作修正如下：

　　（一）原條文列為第1項。關於92年4月29日修正施行前，尚未處分之商標撤銷案件之部分，因該等情形已不復存在，因此作文字修正，以為過渡時期商標廢止案件法規適用之準據。

　　（二）修正施行前已依法進行之程序，其效力應不受影響，因此增訂但書規定。

　　二、增訂第2項。修正條文第67條第2項準用第57條第2項關於以註冊商標有第63條第1項第1款規定情形申請廢止，應檢附引據商

標使用證據之規定，僅適用於本法修正施行後所提出之廢止案，對於本法修正施行前受理之商標廢止案件，無庸依該等條文規定重新檢附使用證據，因此予明定。另依修正條文第63條第1項第1款申請廢止，原條文並未規定使用證據應符合一般商業交易習慣，故本項並未有排除準用第57條第3項之規定，併予說明。

## 第 108 條 （動態商標等申請之處理）【新增】

　　本法中華民國100年5月31日修正之條文施行前，以動態、全像圖或其聯合式申請註冊者，以修正之條文施行日為其申請日。

### ※ 說明

　　針對本次修正開放任何具有識別性之標識均得申請商標註冊，其中為現行法規所無法受理之動態、全像圖商標或團體商標之申請，應自本法修正施行後始受理申請，因此增訂本法修正施行前提出申請之過渡規定，以期公允。

## 第 109 條（優先權日）【新增】

　　以動態、全像圖或其聯合式申請註冊，並主張優先權者，其在與中華民國有相互承認優先權之國家或世界貿易組織會員之申請日早於本法中華民國100年5月31日修正之條文施行前者，以100年5月31日修正之條文施行日為其優

先權日。

　　於中華民國政府主辦或承認之國際展覽會上，展出申請註冊商標之商品或服務而主張展覽會優先權，其展出日早於100年5月31日修正之條文施行前者，以100年5月31日修正之條文施行日為其優先權日。

## ※ 說明

　　一、本次修正雖開放動態、全像圖等新型態標識得申請註冊，然關於該等案件優先權之主張，自不宜早於本法修正施行之日期，以避免法律適用之疑義。因此於第1項明定，該等案件之國外申請日，早於本法修正施行之日者，以本法修正施行日為其優先權日。

　　二、本次修正增訂展覽會優先權主張之法律依據，然其主張之結果，不宜早於本法修正施行之日期，為期公允，因此於第2項明定，其展出日早於本法修正施行之日者，以本法修正施行日為其優先權日。

## 第 110 條 （授權立法）【原第93條】

　　本法施行細則，由主管機關定之。

## ※ 說明

　　本條係授權主管機關訂定本法施行細則之規定。有關申請商標註冊應備之商標、申請書份數、相關書件、立體

商標等非傳統商標申請程序、一案指定多類申請註冊程
序、分割程序等諸多細節性事項，無法於本法中一一明文
規定，因此授權由商標主管關以施行細則另定之。

---

## 第 111 條 （施行日期）【原第94條修正】

本法之施行日期，由行政院定之。

---

### ※ 說明

因本次修正有關擴大商標保護客體、商標共有、刪除註冊費分
二期繳納、據以評定或廢止商標應檢送申請前3年之使用證據、商
標侵權及邊境管制措施等多項制度，均屬商標制度的重大變革，在
法制實務作業上，須有足夠時間準備及因應，各界亦需要充分時間
適應及瞭解修正後之制度運作，因此明定本法施行日期，委由行政
院定之。2012年3月26日，行政院院臺經字第 1010011767 號令發布
定自2012年7月1日施行。

國家圖書館出版品預行編目資料

新世紀商標法逐條釋義 / 羅承宗‧徐芃 著 --初版--
臺北市：蘭臺出版社：2013.3

ISBN：978-986-6231-59-9(平裝)
1.商標法
587.3                                    102001808

公商禮儀 5

# 新世紀商標法逐條釋義

作　　者：羅承宗‧徐芃
美　　編：鄭荷婷
封面設計：鄭荷婷
執行編輯：張加君
出　版　者：蘭臺出版社
發　　行：博客思出版社
地　　址：台北市中正區重慶南路1段121號8樓14
電　　話：(02)2331-1675或(02)2331-1691
傳　　真：(02)2382-6225
E—MAIL：books5w@gmail.com或books5w@yahoo.com.tw
網路書店：http://store.pchome.com.tw/yesbooks/
　　　　　http://www.5w.com.tw/
　　　　　博客來網路書店、博客思網路書店、華文網路書店、三民書局
總經銷：成信文化事業股份有限公司
劃撥戶名：蘭臺出版社　帳號：18995335
香港代理：香港聯合零售有限公司
地　　址：香港新界大蒲汀麗路36號中華商務印刷大樓
　　　　　 C&C Building, 36,Ting, Lai, Road, Tai,Po, New,Territories
電　　話：(852)2150-2100　傳真：(852)2356-0735
出版日期：2013年3月 初版
定　　價：新臺幣360元整（平裝）
ISBN：978-986-6231-59-9